Ex Líbrís

McNabb

CAXTON
SPANISH
VOCABULARY

CAXTON EDITIONS

First published in Great Britain by
CAXTON EDITIONS
an imprint of
the Caxton Publishing Group Ltd
20 Bloomsbury Street
London WC1B 3QA

Prepared and designed
for Caxton Editions by
Superlaunch Limited
PO Box 207
Abingdon
Oxfordshire OX13 6TA

Consultant editor M. Dolores Lledó Barrena

ISBN 1 84067 075 4

A copy of the CIP data for this book is available from
the British Library upon request

Printed and bound in India

CONTENTS

amphibians	**los anfibios**
amphibious adj	anfibio
bullfrog	la rana toro
edible frog	la rana comestible
frog	la rana
(frog/toad) spawn	las huevas
newt	la salamandra
tadpole	el renacuajo
toad	el sapo
to spawn	engendrar
breed(s)	**la raza** (**las razas**)
alsatian	el pastor alemán
to breed	criar
bulldog	el bulldog
chihuahua	el chihuahua
greyhound	el galgo
gun dog	el podenco
hound	el sabueso
labrador	el labrador
longhair	de pelo largo
miniature	miniatura
mastiff	el mastín
mongrel	el perro mestizo
pedigree	el pedigree
Persian (cat)	(el gato) persa
poodle	el caniche
retriever	el perro perdiguero
shorthair	de pelo corto

Siamese (cat)	(el gato) siamés
spaniel	el perro de aguas
standard (size)	(tamaño) estandart
terrier	terrier
toy (size)	(tamaño) pequeño
domestic adj	**doméstico**
aquarium	el acuario
aquatic adj	acuático
aviary	la avería
to bark	ladrar
beak, bill	el pico
bitch	la perra
budgerigar, budgie	el periquito
cage	la jaula
canary	el canario
canine	canino
carnivorous	carnicero, carnívoro
cat	el gato
claw	la garra
dog	el perro
feline adj	felino
female	la hembra
gerbil	el jerbo, el gerbo
goldfish	el pez de colores
to growl	gruñir
guard dog	el perro guardián
guardian	el guardián
guinea pig	el conejillo de indias

hamster	el hámster
kitten	el gatito
litter (bedding)	la cama de paja
litter (babies)	la camada
male	el macho
to mew	maullar
mouse	el ratón
mouser	el cazador de ratones
mousetrap	la ratonera
paw	la pata
pet	el animal doméstico
puppy	el cachorro
to purr	ronronear
rabbit	el conejo
(rabbit) hutch	la conejera
rat	la rata
tail	el rabo, la cola
tame	manso
terrapin	la tortuga de agua dulce
tropical fish	el pez tropical
vermin	los parasitos
watchdog	el perro guardián
watchful	vigilante
to whimper	quejarse, gemir
to whine	gimotear
wing	el ala
evolution	**la evolución**
to adapt	adaptarse

adaptation	adaptación
to adjust	ajustarse
advantage	ventaja
behaviour	comportamiento
to benefit from	beneficiarse de
biped (two legs)	el bípedo
disadvantageous	desventaja
to evolve	evolucionar
habitat	el habitat
modification	modificación
natural selection	la selección natural
quadruped (4 legs)	el cuadrúpedo
survival of the fittest	la supervivencia de los más aptos
zoology	la zoología
zoologist	el zoólogo *m*, la zoóloga *f*
zoo	el zoo
extinct	**extinto**
archaeologist	el arqueólogo, la arqueóloga
dinosaur	el dinosaurio
dodo	el dodó
fossil	el fósil
mammoth	el mamut
palaeontology	la paleontología
palaeontologist	el paleontólogo, la paleontóloga
yeti	el yeti

marsupial animals	**los animales marsupiales**
bush baby	el gágalo
kangaroo	el canguro
koala bear	el coala
mythical	**mítico**
centaur (man /	centauro (hombre /
horse)	caballo)
chivalry	la caballería
dragon	el dragón
gryphon	Grifón
legend	la leyenda
Medusa	Medusa
Minotaur	Minotauro
myth	el mito
Pegasus (winged	Pegasus (el caballo alado)
horse)	
Phoenix	el ave Fenix
Sphynx	la esfinge
unicorn	el unicornio
nocturnal animals	**animales nocturnos**
badger	el tejón
bat	el murciélago
craft, cunning	la astucia
cunning adj	astuto
fox	el zorro
hedgehog	el erizo
parasite	**el parásito**
tapeworm	la lombriz intestinal

predator(s)	**el depredador**
	(los depredadores)
big cats	los grandes felinos
cheetah	el leopardo cazador
(lion) cub	el cachorro (de león)
jaguar	el jaguar
leopard	el leopardo
lion	el león
lioness	la leona
lynx	el lince
mane	la melena
mountain lion	el puma
panther	la pantera
predatory adj	predador
to roar	bramar, rugir
savage adj	salvaje
tiger	el tigre
tigress	la tigresa
prey	**la presa**
antelope	el antílope
eland	el antílope sudafricano
gazelle	la gazela
zebra	la cebra
stripe (of the zebra)	las rayas (de la cebra)
primate(s)	**el primate (los primates)**
baboon	el mandril
chimpanzee	el chimpancé
gibbon	el gibón

gorilla	el gorila
monkey	el mono
orang-utan	el orangután
reptile(s)	**el reptil (los reptiles)**
adder (viper)	la víbora
alligator	el caimán
anaconda	la anaconda
antidote	el antídoto
cayman	el caimán
chameleon	el camaleón
cobra	la cobra
cold-blooded	de sangre fría
constrictor	la boa constrictor
crocodile	el cocodrilo
fang	el colmillo
gecko	el geco
grass snake	la culebra
harmless	inofensivo
poison	el veneno
poisonous adj	venenoso
python	la pitón
rattlesnake	la serpiente de cascabel
serpent	la serpiente
to slither	deslizarse
slow-worm	el lución
snake	la culebra
tortoise	la tortuga
turtle	la tortuga marina

to wriggle	serpentear
scavengers	**los carroñeros**
carrion	la carroña
hyena	la hiena
jackal	el chacal
wolverine	el carcayú
to scavenge	recoger carroña
wild animals	**los animales salvajes**
beaver	el castor
dormouse	el lirón
hare	la liebre
mink	el visón
mole	el topo
otter	la nutria
shrew	la musaraña
weasel	la comadreja
zoo animals	**los animales del zoológico**
anteater	el oso hormiguero
armadillo	el armadillo
bear	el oso
bison	el bisonte
buffalo	el búfalo
camel	el camello
dromedary	el dromedario
elephant	el elefante
elk	el alce
giant panda	el panda gigante
to hibernate	invernar

hippopotamus	el hipopótamo
hump	la giba
kiwi	el kiwi
llama	la llama
mongoose	la mangosta
moose	el alce de América
pack	la manada
porcupine	el puerco espín
rhinoceros	el rinoceronte
skunk	la mofeta
sloth	el perezoso
tapir	el tapir
trunk	la trompa
wolf	el lobo

FARM ANIMALS	ANIMALES DE GRANJA
herbivorous	herbívoro
mammal	el mamífero
omnivorous	omnívoro
warm-blooded	de sangre caliente
cattle	**el ganado**
barn	la cuadra
beef adj	vacuno
beef (meat)	ternera, buey
BSE	encefalopatía esponjiforme bovina
bull	el toro
bullock	el novillo

calf	el ternero
to calve	parir
CJD	la enfermedad de Kreuzfeld Jakob
cow	la vaca
dairy adj	(productos) lácteos
to graze	apacentar
heifer	la novilla
herd	el rebaño
to herd	llevar en manada
hoof	la pezuña
horn	el cuerno, el asta
livestock	el ganado
to low	mugir
to milk	ordeñar
milking parlour	lechería
ox	el buey
pasture	el pasto
veal (meat)	la ternera
deer	**el ciervo**
antler	el cuerno
buck	el animal macho
doe	el animal hembra
fallow (deer)	el gamo
fawn	el cervato
red (deer)	el ciervo común
roe (deer)	el corzo
stag	el ciervo

venison	el venado
fowl	**las aves de corral**
addled	podrido
bantam	la gallina de Bantam
to brood	empollar
broody	clueca
chick	el polluelo
chicken	el pollo
cock-a-doodle-do	quiquiriquí
cockerel	el gallo joven
cockcrow	el canto del gallo
to crow	cacarear
to dress (gut)	abonar
duck	el pato
duckling	el patito
egg	el huevo
feather	la pluma
goose	el ganso
gosling	el pollo de ganso
hen	la gallina
to lay (eggs)	poner (huevos)
to pluck	desplumar
rooster	el gallo
squab	el pichón
turkey	el pavo
goat(s)	**la cabra (las cabras)**
billy	el macho cabrío
homogenous adj	homogeneizado

kid	el cabrito, el cabritillo
to kid	criar cabras
nanny	la cabra (de leche)
horse(s)	**el caballo (los caballos)**
to bray	rebuznar
bridle	las bridas
colt	el potro
donkey	el asno, el burro
filly	la potra
foal	el potro
to foal	criar potros
halter	el cabestro
hybrid	híbrido
to jump	saltar
mare	la yegua
mule	el mulo
to neigh	relinchar
to ride	montar
saddle	la silla de montar
stable	el establo
stall	la casilla (del establo)
stallion	el semental
sterile	estéril, capado

see also **SPORT**, **horseriding** *p204* and
WORK, AGRICULTURE, **stockbreeding** *p214*

pig	**el cerdo**
boar	el verraco, el cerdo
bristle	la cerda

to farrow	la camada de cerdos
to fatten	cebar
ferocious	feroz
to grunt	gruñir
piglet	el cerdito
to root (pig)	arraigar
sow	la cerda, la puerca
sty	la pocilga
tusk	el comillo
wild boar	el jabalí
sheep	**la oveja**
ewe	la oveja
flock	el rebaño
hoggett	el rebaño (pequeño) de ovejas
lamb	el cordero
to lamb	criar corderos
mutton	(la carde de) cordero
ram	el carnero
sheepdog	el perro pastor

INVERTEBRATES	LOS INVERTEBRADOS
antenna	la antena
beetle	el escarabajo
bug	el chinche
cricket	el grillo
earwig	la tijereta
exoskeleton	el exoesqueleto
glow-worm	la luciérnaga

grasshopper	el saltamontes
insect	el insecto
leaf insect	el insecto hoja
praying mantis	la mantis religiosa
stag beetle	el ciervo volante
stick insect	el insecto palo
butterfly	**la mariposa**
caterpillar	la oruga
chrysalis	la crisálida
to flutter	revolotear
imago (adult)	el imago
iridescent	iridiscente
metamorphosis	la metamorfosis
to metamorphose	metamorfosear
moth	la mariposa nocturna
proboscis	la probóscide
silkworm	el gusano de seda
phobia	**la fobia**
centipede	el ciempiés
to crawl	arrastrarse
to creep	deslizarse
creepy-crawly	el bicho
earthworm	la lombriz
millipede	el milpiés
scorpion	el escorpión
slimy	fangoso
slug	la babosa
snail	el caracol

worm	el gusano
to worm	serpentear
social insects	**los insectos sociales**
ant	la hormiga
anthill	el hormiguero
apiary	el abejar
apiarist	el apicultor
bee	la abeja
beehive	la colmena
bumblebee	el abejorro
colony	la colonia
drone	el zángano
honey	la miel
honeycomb	el panal
hornet	el avispón
to hum	zumbar
humming	el zumbido
queen ant	la hormiga reina
termite	la termita
queen bee	la abeja madre
sting	la picadura
to sting	picar
wasp	la avispa
worker (bee, ant)	la obrera
troublesome	**molesto**
bluebottle	la moscarda
flea	la pulga
fly	la mosca

to infest	infestar
to irritate	irritar
itch	el hormigueo
to itch	hormiguear
locust	la langosta
louse	el piojo
lousy	piojoso
malaria	la malaria
to molest	molestar
mosquito	el mosquito
mosquito net	el mosquitero
pest	la peste
plague	la plaga
spider	la araña
to spin	devanar
to swat	matar con el matamoscas
web	la telaraña

air force	**la fuerza aérea**
aerodrome	el aeródromo
air raid	el ataque aéreo
air-sea rescue unit	la unidad de rescate aire-mar
anti-aircraft defence	la defensa antiaérea
anti-aircraft gun	el cañón antiaéreo

bomb	la bomba
to bomb	bombardear
bomber (plane)	el bombardero
to bring down	derribar
cockpit	la cabina
crew	la tripulación
delta-wing adj	ala-delta
ejector seat	el asiento proyectable
fighter plane	el avión de caza
fixed-wing adj	ala fija
fly-by-wire	volar con cable
fuselage	el fusilaje
head-up display	el monitor
helicopter	el helicóptero
navigator	el navegante
ordnance	el ordenanza
parachute	el paracaídas
parachutist	el paracaidista
pilot	el piloto
reconnaissance	el reconocimiento
rotor	el rotor
rotary-wing adj	ala giratoria
search and rescue	la busca y rescate
shelter	el refugio antiaéreo
spotter plane	el avión observador
squadron	la escuadra
surface-to-air-missile	misil de superficie

winchman	el tornero
wing	el ala
army	**el ejército**
armoured car	el coche blindado
artillery	la artillería
barracks	el cuartel
battalion	el batallón
bayonet	la bayoneta
bombardment	el bombardeo
bomb disposal	la neutralización de bombas
cannon	el cañón
captain	el capitán
cavalry	la caballería
colonel	el coronel
corporal	el cabo
detachment	el destacamento
to drill	ejercitar
firearm	el arma *f* de fuego
flak jacket	el chaleco antibalas
flank	el flanco
garrison	la guarnición
general	el general
grenade	la granada
guard, watch	la guardia
to guard, watch	vigilar
infantry	la infantería
land mine	el campo de minas
to load	cargar

military	militar
military police	la policía militar
patrol	la patrulla
to patrol	patrullar
personnel	personal
quartermaster	el comisario
regiment	el regimiento
reinforcement	el refuerzo
revolver	el revólver
rocket	el cohete
sentry	el centinela
sergeant	el sargento
shell	el proyectil
to shell	bombardear
shot	el disparo
to shoot	fusilar
soldier	el soldado
tank	el tanque
trench	la trinchera
troops	la tropa
to unload	descargar
vanguard	la vanguardia
attack	**el ataque**
ambush	la emboscada
assault	el asalto
to attack	atacar
battlefield	el campo de batalla
campaign	la campaña

captive	el prisionero
captivity	el cautiverio
combatant	el combatiente
coup	el golpe de estado
defeat	la derrota
to defeat	derrotar
to encamp	acampar
encampment	el campamento
encounter	el encuentro
to escape	escaparse
exploit	la hazaña
fight	el combate
to fight	combatir, pelear
to flee	huir
flight	la fuga, la huida
front	el frente
guerrilla	el guerrillero
guerrilla campaign	la campaña guerrillera
guerrilla warfare	la guerrilla
insurrection	la insurrección
manoeuvre	la maniobra
to manoeuvre	maniobrar
to meet	encontrar
to pursue	perseguir
pursuit	el perseguimiento
to repel	rechazar
retreat	la retirada

strategy	la estrategia
surrender	la rendición
to surrender	rendirse
tactics	la táctica
wounded	herido
navy	**la marina**
admiral	el almirante
aircraft carrier	el portaaviones
battleship	el acorazado
corvette	la corbeta
deck	la cubierta
to decommission	decomisar
destroyer	el destructor
fleet	la flota, la armada
to float	flotar
hulk	el barco viejo (fuera de uso)
hull	el casco
lieutenant	el teniente
marine adj	marina
marine (person)	el marino
minesweeper	el dragaminas
radar	el radar
rudder	el timón
to sail	navegar
sailor	el marino, el marinero
sonar	el sonar
submarine	el submarino
warship	el buque de guerra

peace	**la paz**
armistice	el armisticio
to besiege	sitiar
blockade	el bloqueo
ceasefire	el alto el fuego
Cold War	la guerra fría
to conquer	conquistar
deterrent	la fuerza de disuasión
to disarm	desarmar
disarmament	el desarme
exercise	el ejercicio de entrenamiento
hero	el héroe
heroine	la heroína
medal	la medalla
nuclear warhead	la ojiva nuclear
occupied territory	los territorios ocupados
pacifist	el pacifista
pacifism	el pacifismo
peacekeeping	la pacificación
pension	la pensión
sanctions	las sanciones
spy	el espía
superpower	la superpotencia
treaty	el tratado
vanquished	el vencido
victor	el vencedor
war memorial	el monumento a los caídos

war	la guerra
ammunition	las municiones
ammunition dump	el depósito de municiones
to arm	armar
arsenal	el arsenal
badge	la insignia
barbed wire	el alambre de púas
billet	el alojamiento
bullet	la bala
bulletproof	antibalas
cartridge	el cartucho
commission	la comisión
conscientious objector	el objetor de conciencia
conscript	el quinto
conscription	la conscripción
dagger	el puñal
discipline	la disciplina
disorder	el desorden
to equip	equipar
equipment	el equipaje
to explode	explotar, estallar
explosion	la explosión
flag	la bandera
fort	el fuerte
friendly fire	el fuego amigo
gunpowder	la pólvora
holocaust	el holocausto

insignia	la insignia
insubordinate	insubordinado
non-commissioned officer	el oficial sin comisión
officer	el oficial
order	la orden
rank	el grado
recruit	el recluta
siege	el sitio
to (lay) seige (to)	sitiar
training	el entrenamiento
uniform	el uniforme
warlike	guerrero
warrior	el guerrero

BIRDS   LOS PÁJAROS

bird of paradise	el ave del paraíso
bird spotter	el observatorio de aves
egret	la garceta
flamingo	el flamenco
flight	el vuelo
flightless	incapaz de volar
hummingbird	el colibrí
ibis	el ibis
migrant	migratoria
native	nativo

osprey	el águila pescadora
ostrich	el avestruz
parrot	el loro
peacock	el pavo real
pelican	el pelícano
penguin	el pingüino
plover	el chorlito
plumage	el plumaje
stork	la cigüeña
toucan	el tucán
game birds	**las aves de caza**
grouse	el gallo
guineafowl	la gallina de Guinea
partridge	la perdiz
pheasant	el faisán
quail	la codorniz
woodpigeon	la paloma (comestible)
garden birds	**las aves del jardín**
blackbird	el mirlo
bluetit	la primavera
to caw	graznar
chaffinch	el pinzón
crow	el cuervo
cuckoo	el cuclillo
finch	el pinzón
to fly	volar
heron	la garza real
jackdaw	el grajo, la chova

jay	el arrendajo
kingfisher	el martín percador
lark	la alondra
magpie	la urraca
nest	el nido
to nest	anidar
nightingale	el ruiseñor
pigeon (dove)	la paloma (no comestible)
robin	el petirrojo
rook	la graja
sparrow	el gorrión
swallow	la golondrina
swan	el cisne
thrush	el tordo
wagtail	el zorzal
warbler	la lavandera
wren	el chochín
raptors	**los depredadores**
bird of prey	el ave de rapiña
buzzard	el ratonero común
condor	el cóndor
eagle	el águila *f*
eagle owl	el cárabo
falcon	el halcón
falconer	el halconero
falconry	la halconería
fish eagle	el águila pescadora
gauntlet	el guante

gerfalcon	el halcón de caza
hawk	el gavilán
hood	la capucha
to hover (hawk)	cernerse
jesses	las anillas
kestrel	el cernícalo
kite	el milano real
lure	el cebo, el señuelo
owl	el buho
peregrine falcon	el halcón peregrino
rapacious adj	rapaz
to stoop	lanzarse
to swoop	abatirse
vulture	el buitre
sea birds	**las aves marinas**
albatross	el albatros
cormorant	el cormorán
seagull	la gaviota

CLOTHES   LA ROPA

accessories	**los complemetos**
bag	la bolsa
belt	el cinturón
beret	la boina
bow-tie	la pajarita
bracelet	el brazalete

braces	los tirantes
brim	el ala (del sobrero)
cap	la gorra
cufflinks	los gemelos
diamond	el diamante
earmuffs	las orejeras
fan	el abanico
glasses	las gafas
gloves	las guantes
handkerchief	el pañuelo
hat	el sombrero
mittens	las manoplas
necklace	el collar
ring	el anillo
sash	la faja
scarf	la bufanda
shawl	la manta
studs	las tachas de adorno
tie	la corbata
tiepin	el afiler de corbata
umbrella	la paraguas
veil	el velo
walking stick	el bastón
watch	el reloj
footwear	**el calzado**
barefoot	descalzado
boot	la bota
buckle	la hebilla

heel	el tacón
leather	el cuero
mule	la sandalia
pair	el par
to polish	pulir
to put on one's shoes	calzarse
to remove one's shoes	descalzarse
rubber	el caucho
sandal	la sandalia
slipper	la pantufla, la zapatilla
shoe	el zapato
shoehorn	el calzador
shoelace	el lazo
shoemaker	el zapatero
shoe polish	el betún
sock	el calcetín
sole	la suela
suède	el ante
to tie	atar
to untie	desatar
make & mend	**hecho a medida**
bodice	el corpiño
button	el botón
cloth	la tela, el paño
coarse	basto
collar	el cuello
cotton	el algodón
crochet	el ganchillo

cuff	el puño
to darn	remendar
dressmaker	la modista
dry-clean	limpieza en seco
embroidery	el bordado
fabric	el tejido, la tela
fine	fino
fly (of trousers)	la bragueta
to have (get) *made*	mandar hacer
hem	el dobladillo
hole	el agujero
hook and eye	los corchetes
interlining	el interlineado
to iron	planchar
to knit	tejer, tricotar
knitted	de punto
knitting	de tricotar, de hacer punto
knitting needles	las agujas de hacer punto
lapel	la solapa
to let out	ensanchar
linen	el lino
lining	el forro
to make	hacer
man-made fibre	la fibra artificial
to mend	remendar
needle	la aguja
new	nuevo
pin(s)	el alfiler (los alfileres)

to press	planchar
pocket	el bolsillo
practical	práctico
press stud	el botón a presión
to repair	reparar
scissors	las tijeras
seam	la costura
seamstress	la costurera
second-hand	de segunda mano
to sew	coser
shoulder pads	las hombreras
silk	la seda
sleeve	la manga
to take in	encoger
thick	espeso
thread	el hilo
to turn up a hem	hacer el dobladillo
useless	inútil
velcro	el velcro
velvet	el terciopelo
waistband	la banda de cintura
to wash	lavar
wool	la lana
worn out	usado
wristband	la muñequera
zip	la cremallera
protective	**(las ropas) protectoras**
apron	el delantal

dungarees	el peto
overall	el mono
to protect	proteger
ready-made	**hecho**
blouse	la blusa
to button	abrochar
comfortable	confortable
cool	frío
couture	el modelo único
designer	el diseño
dress	el vestido
to dress (oneself)	vestir(se)
elegant	elegante
fashionable	de moda
fits (well)	sienta (bien)
fur	la piel
furry	afelpado
jacket	la chaqueta
jeans	los vaqueros
long	largo
loose	suelto
to loosen	soltar
miniskirt	la minifalda
out of fashion	pasado de moda
overcoat	el abrigo
pullover	el suéter
to put on	ponerse
raincoat	el impermeable

to remove	quitar
shirt	la camisa
short adj	corto
skirt	la falda
style	el estilo
stylish	a la moda, elegante
suit	el traje
swimsuit	el traje de baño, el bañador
sweatshirt	la sudadera
T-shirt	la camiseta
to take off	quitarse
tight	apretado
tracksuit	el chándal
trousers	el pantalón
trunks	el bañador
to unbutton	desabrochar
to undress	desnudarse
to use	usar
useful	útil
waistcoat	el chaleco
warm	cálido
to wear	llevar
underwear	**ropa interior**
bra	el sostén, el sujetador
dressing gown	el batín
fine	fino
housecoat	la bata
knickers	las bragas

lace	el encaje
leotard	la malla, el leotardo
naked	desnudo
narrow	estrecho
nightdress	el camisón
nylon	el nailón
petticoat	la enagua
pyjamas	el pijama
ribbon	la cinta
robe	la bata
shorts	los pantalones cortos
silky	sedoso
slip	la combinación
sock(s)	el calcetín (los calcetines)
stockings	los panties
tights	los panties, las medias
underpants	los calzoncillos
vest	la camiseta

see also **THE HOME**, **toiletries** *p104*

CULTURE LA CULTURA

AMUSEMENTS	LAS AMENIDADES
amusing	ameno
amusement arcade	la sala de juegos recreativos
battle game	el juego de la batalla

to be bored	aburrirse
boring	aburrido
computer game	el juego de ordenador
to enjoy oneself	divertirse, recrearse
entertaining	divertido
entertainment	diversión
flight simulator	simulador de vuelo
pastime	el pasatiempo
rest	el descanso
to rest	descansar
simulation (game)	el simulador (juego)
toy	el juguete
billiards	**el billar**
cannon	la carambola
cue	el taco
pool	el billar americano
snooker	el snooker
spin	el efecto
triangle	el triángulo
circus	**el circo**
acrobat	el acróbata *m*, la acróbata *f*
acrobatic	acrobático
acrobatics	la acrobacia
audacious	audaz
breathtaking	que corta la respiración
clown	el payaso
daring	atrevido
funny	divetido

hilarious	divertidísimo
joke	la broma
safety net	la red protectora
slapstick	las payasadas
tightrope	la cuerda floja
tightrope walker	el funámbulo *m*,
	la funámbula *f*
trapeze	el trapecio
trapeze artist	el trapecista *m*, la trapecista *f*
to tumble	dar volteretas
tumbler	la voltereta
uproarious	espectacular
funfair	**la feria**
to assemble	concurrir
candyfloss	el algodón de azucar
carousel	el carrusel
coconut shy	el coco
crowd	la muchedumbre
festival	la verbena, la fiesta
fun	divertido
to have fun	divertirse
popcorn	las palomitas de maíz
toffee apple	las manzanas de caramelo
games	**los juegos**
ace	el as
baccarat	la bacará
bagatelle	la bagatela
bishop	el alfil

board	el tablero
casino	el casino
to castle	el enroque
checkmate	el jaque-mate
chequerboard	el jaque al rey
chess	el ajedrez
chessboard	el tablero (de ajedrez)
clubs	los palos
counter	la ficha
to cut (cards)	cortar (la baraja)
to deal	repartir
diamonds	los diamantes
dice pl	los dados
die sing	el dado
draughts	las damas
dummy	el ensayo
hearts	los corazones
jack	la sota
jigsaw	el rompecabezas, el puzzle
king	el rey
knight	el caballo
(pack of) cards	los naipes (la baraja)
pair	el par
partner	la pareja
pawn	el peón
piece	la pieza
poker	el poker
queen	la reina

rook	la torre
shaker (for dice)	el cubilete
to shuffle	barajar
solitaire	el solitario
spades	las espadas
stalemate	quedarse en tablas
suit	el palo
tiddlywinks	el juego de la pulga
to trump	el triunfo
whist	el whist
to play	**jugar**
brinkmanship	arriesgado
cardsharp	el fullero
to cheat	engañar
deceit	el engaño
deceitful	engañoso
to draw	empatar
fair (equitable)	justo
heads (of coin)	la cara (de la moneda)
to join	unirse
to lose	perder
loser	el perdedor
lottery	la lotería
luck (to be lucky)	la suerte (tener suerte)
match	el partido
to meet	reunirse
meeting	la reunión
party	la tertulia, el guateque

player	el jugador
sportsmanship	el espíritu deportivo
tails (of coin)	la cruz (de la moneda)
to toss a coin	tirar una moneda al aire
trick	el truco, la broma
visit	la visita
to visit	visitar
to win	ganar
winner	el ganador
playground	**el patio de recreo**
bouncy castle	el castillo hinchable
climbing frame	la pared de escalar
roundabout	el tiovivo
seesaw	el balancín
slide	el tobogán
to slide	bajar en tobogán
swing	el columpio
to swing oneself	columpiarse
tired	cansado
to get tired	cansarse
weariness	el cansancio

ARTS	LAS ARTES
antique	**la antigüedad**
antique dealer	el anticuario
art dealer	un marchante de arte
collectable	coleccionable
collection	la colección

forger	el falsificador *m*,
	la falsificadora *f*
forgery	la falsificación
private	privado
provenance	el origen
restoration	la restauración
to restore	restaurar
varnish	el esmalte
	see also **MONEY**, **auction** *p147*
architecture	**la arquitectura**
aisle	el pasillo
amphitheatre	el anfiteatro
apse	el ábside
aqueduct	el acueducto
arch	el arco
architect	el arquitecto
baroque	barroco
basilica	la basilica
Byzantine	bizantino
cathedral	la catedral
cathedral city	la ciudad catedralicia
choir (of church)	el coro (de la iglesia)
column	la columna
Corinthian	corintio
crossing (of church)	la cruz (de la iglesia)
crypt	la cripta
dolmen	el dolmen
dome	la cúpula

Doric	dórico
fan vault	la bóveda de abanico
Flamboyant	flamboyante
forum	el foro
Gothic	gótico
Ionic	jónico
mausoleum	el mausoleo
menhir	el menhir
minaret	el alminar
mosque	la mezquita
nave	la nave
pagoda	la pagoda
pillar	el pilar
plinth	el zócalo
pyramid	la pirámide
rake (of floor)	la inclinación (del suelo)
relic	la reliquia
reliquary	el reliquiario
romanesque	románico
rose window	la roseta (ventanal)
scaffolding	el andamio
sepulchre	el sepulcro
Sphinx	la esfinge
spire	el chapitel
stained glass	el cristal de colores
synagogue	la sinagoga
temple	el templo
tomb	la tumba

tower	la torre
transept	el crucero
vault	la bóveda
west front	la fachada
for religion, see	**PERSONALITY**, **spirit** *p179*
cinema	**el cine**
to censor	censurar
censorship	la censura
director	el director
to dub	doblar
producer	el productor
screen	la pantalla
sequel	la continuación
subtitle	los subtítulos
to subtitle	subtitular
see also	**WORK**, BUSINESS, **media** *p217*
dance, ***dancing***	**la danza**
ball, dance	el baile
ballet	el ballet
(ballet) dancer	el bailarín *m*, la bailarina *f* (de ballet)
ballroom dance	bailes de salón
choreographer	el coreógrafo
chorus	el coro
classical	clásico
corps de ballet	cuerpo del ballet
to dance	danzar, bailar
disco	el disco

fado	el fado (portugués)
flamenco	el flamenco
folk dance	el baile folclórico
Latin-American	Latino-América
musicality	la musicalidad
nightclub	el club, la discoteca
prima ballerina	la bailarina principal
(dance) routine	la rutina
soloist	el solista
traditional	tradicional
music	**la música**
accompaniment	el acompañamiento
to accompany	acompañar
accordion	el acordeón
aria	la aria
auditorium	el auditorio
bagpipes	la gaita
banjo	el banjo
baritone	el barítono
bass	el bajo
bassoon	el fagot
beat	el ritmo
to blow	soplar
bow	el arco
brass instrument	el instrumento de metal
cello	el violonchelo
choir (singers)	el coro
clarinet	el clarinete

composer	el compositor
concert	el concierto
concertina	la concertina
conductor	el director
cornet	la corneta
drum	el tambor
drums	la batería
to enchant	encantar
flute	la flauta
folk music	la música folklórica
French horn	la trompa de llaves
guitar	la guitarra
harmony	la harmonía
harp	el arpa
harpsicord	el clavicémbalo
instrumentalist	el (la) instrumentalista
jazz	el jazz
mandolin	la mandolina
march	la marcha
masterpiece	la obra maestra
musician	el músico
oboe	el oboe
ocarina	la ocarina
opera	la ópera
orchestra	la orquestra
organ	el órgano
organist	el organista
overture	la obertura

pianist	el pianista
piano	el piano
to play	tocar
refrain	el estribillo
rehearsal	el ensayo
rock music	la música rock
rock star	la estrella de rock
saxophone	el saxofón
score	la partitura
to sing	cantar
singer	el (la) cantante
singing	el canto
soft	suave
song	la canción, la copla
songbook	el cancionero
soprano	el soprano *m*, la soprano *f*
string instrument	el instrumento de cuerda
to strum	tañer
symphony	la sinfonía
to syncopate	sincopar
synthesiser	el sinetizador
tambourine	la pandereta
tenor	el tenor
trombone	el trombón
trumpet	la trompeta
tuba	la tuba
viola	la viola
violin	el violín

violinist	el violinista
wind instrument	el instrumento de viento
xylophone	el xilófono
zither	la cítara
theatre	**el teatro**
act	el acto
actor	el actor
actress	la actriz
applause	los aplausos
apron stage	el proscenio
audience	el auditorio
box (in theatre)	el palco
box office	la taquilla
character	el personaje
comedy	la comedia
costume	el vestuario
curtain	el telón
début	el estreno
dénouement	el desenlace
flop	el fracaso
to flop	fracasar
interval	el entreacto
in the round	en el papel
lighting	la iluminación
mask	la máscara
performance	la función, la representación
pit	el patio, la platea
play	la obra (de teatro)

to play a role	desempeñar un papel
playwright	el dramaturgo
proscenium arch	el proscenio
scene	la escena
scenery	el decorado,
	la escenografía
seat, place	la localidad
spectator	el espectador
stage	el escenario
to stage, represent	representar
stalls	las butacas
(to be a) success	tener éxito
theatrical	teatral
tragedy	la tragedia
trapdoor	el escotillón
to whistle, hiss	silbar
whistling, hissing	el silbo
word-perfect	saber perfectamente su papel

FINE ART	EL ARTE
art history	**la historia del arte**
abstract expressionism	el expresionismo abstracto
action painting	el movimiento de pintura expresionista
altarpiece	el retablo
Barbizon school	la escuela de Barbizón
cartoon (sketch)	el bosquejo

cave painting	la pintura rupestre
chiaroscuro	el claroscuro
collage	el collage
colourist	colorista
constructivist adj	constructivista
Cubism	el cubismo
Cubist (noun)	(el) cubista
Dadaism	el dadaísmo
der Blaue Reiter	der Blauve Reiter
die Brücke	die Brücke
Expressionism	el expresionismo
Expressionist	el expresionista
expressionist adj	expresionista
figurative	figurativo
fresco	el fresco
gesso	el yeso
icon	el icón
Impressionism	el impresionismo
Impressionist	el impresionista
kinetic	kinético
Les Fauves	Les Flauves
Les Nabis	Les Nabis
mannerist adj	mannerista
miniature	la miniatura
miniaturist	el miniaturista
museum	el museo
naïve	naïve
Op art	el arte op

pointillisme	el puntillismo
Pop art	el arte pop
primitive	primitivo
profane	profano
the Renaissance	el Renacimiento
Renaissance art	el arte renacentista
representational	reprensentacional
sacred	sacro
school (of)	escuela (de)
secular	secular
sfumato	el fumato
Surrealism	el surrealismo
Surrealist (noun)	(el) surrealista
symbol	el símbolo
symbolic	simbólico
to symbolise	simbolizar
Symbolists	los simbolistas
technique	la técnica
triptych	el tríptico
ceramics	**las cerámicas**
to bake	hornear
bisque ware	la porcelana fina
celadon	el celadón
to centre	centrar
china	la porcelana
clay	la arcilla
earthenware	la vajilla de barro
grit	el polvo

hand-painted	pintado a mano
impermeable	impermeable
intaglio	el intaglio
kiln	el horno
leather-hard	listo para hornear
lustre	el lustre
to moisten	humedecer
mould	el molde
to mould	moldear
non-toxic	no tóxico
pinhole (in glaze)	el agujero
porcelain	la porcelana
pottery	la cerámica
slab pot	el bloque
slipware	la barbotina
stoneware	la cerámica de gres
to throw	tornear
to transfer	transferir
to turn	girar el torno
to wedge	sacar el aire de la arcilla
wheel	el torno
contemporary painting	**la pintura contemporánea**
abstract	abstracto
agent	el agente
artist	el artista
background	el fondo
brush	el pincel

canvas	el lienzo
colour	el color
to colour	colorear
coloured	colorado
commission	la comisión
contrast	el contraste
to contrast	contrastar
crayon	el creyón
draughtsman	el dibujante
to draw	dibujar
drawing	el dibujo
dull	mate
easel	el caballete
to engrave	grabar
engraving	el grabado
exhibition	la exposición
foreground	el primer plano
to frame	enmarcar
gallery	la galería
glaze	vidriado
to imitate	imitar
imitation	la imitación
impasto	el impasto
to innovate	inovar
innovation	la innovación
innovative	inovativo
installation	instalación
interactive	interactivo

landscape	el paisaje
landscape painter	el paisajista
likeness	el gusto del pintor
oil paints	los óleos
outline	el contorno
to paint	pintar
painter	el pintor
painting	la pintura
palette	la paleta
patron	el mecenas
patronage	el mecenazgo
to patronise	fomentar
picturesque	pintoresco
portrait	el retrato
portraitist	el retratista
print	la estampa
resemblance	la semejanza
similar	semejante, parecido
still life	el bodegón
studio	el estudio
tone	el matiz
underpainting	el barniz
watercolour	la acuarela
sculpture	**la escultura**
bust	el busto
to carve	tallar
cast	el vaciado

chisel	el cincel
group	el grupo
maquette	la maqueta
model	el modelo
sculptor	el escultor
shape	la forma
to shape	formar
statue	la estatua
workshop	el taller

LITERATURE	LA LITERATURA
alphabet	el alfabeto
assonance	la asonancia
author	el autor
autobiographical	autobiográfico
autobiography	la autobiografía
ballad	el romance
biographer	el biógrafo *m*, la biógrafa *f*
biographical	biográfico
biography	la biografía
bookseller	el librero
bookshop	la librería
character	el carácter
copyright	los derechos de reproducción
critic	el crítico
criticism	el criticismo
drama	el drama
edition	la edición

editor	el editor
encyclopaedia	la enciclopedia
encyclopaedic	enciclopédico
epic	épico
fiction	la ficción
fictional	ficticio
illiterate	analfabeto
to learn by heart	aprender de memoria
literate	alfabetizado
metre	el metro
narrative	la narración
novel	la novela
novelist	el novelista
oral tradition	la cultura oral
paperback	el libro de bolsillo
papyrus	el papiro
parchment	el pergamino
picaresque	picaresco
poet	el poeta *m*, la poeta *f*
poetic	poético
poetry	la poesía
précis	el resumen
publisher	la editorial
reader	el lector *m*, la lectora *f*
rhyme	la rima
to rhyme	rimar
royalties	los derechos del autor
saga	la saga

science fiction	la ciencia ficción
sonnet	el soneto
stanza	la estrofa
story	la historia
storyteller	el cuentista
style	el estilo
tradition	la tradición
writer	el escritor
see also **LEARNING**, **language**, *p129*	
children's books	**el lenguaje**
Bluebeard	Barba Azul
to cast a spell	hechizar
Cinderella	Cenicienta
dwarf	el enano
elf	el geniecillo, el elfo
enchanting, delightful	encantador
fairy tale	el cuento de hada
gnome	el gnomo
goblin	el duende
magic	la magia
magical	mágico
magician	el mago
mermaid	la sirena
nursery rhyme	la canción infantil
Puss-in-Boots	el gato con botas
Red Riding Hood	Caperucita Roja
Sleeping Beauty	la Bella Durmiente

Snow White	Blancanieves
Snow Queen	Reina de las nieves
spell	el hechizo
spell, charm	el encanto
witch	la bruja
wizard	el brujo
mythology	**la mitología**
Achilles	Aquiles
Achilles' heel	el talón de Aquiles
The Arabian Nights	Las mil y una noches
Armageddon	Armagedón
Atlantis	la Atlántida
Cyclops	el cíclope
Herculean	herculeo
Hercules	Hércules
Homer	Homero
Homeric	homérico
Iliad	la Ilíada
Odysseus	Odiseo
Odyssey	la Odisea
Remus	Remus
Romulus	Rómulo
rune	la runa
Thor	Tor
Trojan	troyano
Trojan horse	el caballo de Troya
Valhalla	Valhala

childbirth	**el parto**
abortion	el aborto
baby	el bebé
baptism	el bautismo
to be born	nacer
to be pregnant	estar embarazada
birthday	el cumpleaños
boy	el chico, el muchacho
child	el niño *m*, la niña *f*
children	los hijos
to christen	bautizar
to conceive	concebir
condom	el preservativo
contraception	la anticoncepción
contraceptive	el anticonceptivo
contraceptive pill	la píldora anticonceptiva
family planning	la planificación familiar
girl	la chica, la muchacha
to give birth	parir
to grow up	crecer
to have an abortion	abortar
maternity	la maternidad
to menstruate	menstruar
name	el nombre
to name	dar nombre
nurse	la nodriza
paternity	la paternidad
period	la regla, el período

surname	el apellido
twin	el gemelo
young	joven
childcare	**el cuidado infantil**
to baby-sit	hacer de canguro
baby-sitter	el canguro *m*, la canguro *f*
to breastfeed	dar de pecho
child minder	la niñera
crèche	la guardería
infancy	la infancia
learning	el aprendizaje
nanny	mimado
nursery	la guardería infantil
to play	jugar
playschool	el jardín de infancia
to spoil (a child)	mimar (a un niño)
spoilt	mimando
death	**la muerte**
ashes	las cenizas
bier	el féretro
body	el cuerpo, el cadaver
burial	el entierro
to bury	enterrar
cemetery	el cementerio, el campo santo
coffin	el ataúd
to comfort	confortar
to console	consolar
to cremate	cremar

cremation	la cremación
crematorium	el crematorio
deathbed	el lecho de muerte
death certificate	el certificado de defunción
dead man	el muerto
dead woman	la muerta
deceased	difunto
to die	morir
dying	moribundo
grave	la tumba, la sepultura
to grieve	afligirse
to mourn	lamentar(se)
mourning	el duelo
to survive	sobrevivir
survivor	el sobreviviente
wake	el velorio
to weep	llorar
to wear mourning	llevar luto
extended family	**la familia**
aunt	la tía
cousin (male)	el primo *m*
cousin (female)	la prima *f*
goddaughter	la ahijada
godfather	el padrino
godmother	la madrina
godson	el ahijado
granddaughter	la nieta
grandfather	el abuelo

grandmother	la abuela
grandparents	los abuelos
grandson	el nieto
great-aunt	la tía-abuela
great-nephew	el sobrino-nieto
great-niece	la sobrina-nieta
great-uncle	el tío-abuelo
nephew	el sobrino
niece	la sobrina
stepbrother	el hermanastro
stepdaughter	la hijastra
stepfather	el padrastro
stepmother	la madrastra
stepsister	la hermanastra
stepson	el hijastro
uncle	el tío
marriage	**el matrimonio**
annulment	la anulación
bachelor	el soltero
betrothal	los esponsales
boyfriend	el novio
brother-in-law	el cuñado
couple	la pareja
daughter-in-law	la nuera
divorce	el divorcio
engagement	estar prometidos
to fall in love	enamorarse
father-in-law	el suegro

girlfriend	la novia
honeymoon	la luna de miel
love	el amor
to marry	casarse con
maiden name	el nombre de soltera
married name	el nombre de casada
marriage certificate	el certificado de matrimonio
mother-in-law	la suegra
separation	la separación
sister-in-law	la cuñada
son-in-law	el yerno
spinster	la soltera
surname	la apellido
wedding	la boda
wedding ring	el anillo de boda
youth	la juventud
young man	el joven
young woman	la joven
nuclear family	**el núcleo familiar**
brother	el hermano
brotherhood	la hermandad
brotherly	fraternal
daughter	la hija
elder	mayor
father	el padre
filial	filial
husband	el marido

mother	la madre
parents	los padres
sister	la hermana
sisterhood	la hermandad
sisterly	de (como) hermano
son	el hijo
spouse	la mujer, la esposa
uxorious	gurrumino
wife	la esposa
younger	menor
older generation	**la generación vieja**
active	activo
age	la edad
the aging process	el envejecimiento
Alzheimer's disease	la enfermedad de Alzheimer's
ancestor	el antepasado
annuity	la renta vitalicia
descendant	el descendiente
to get old	envejecer
fit	en buena forma
forebear	el antepasado
forgetful	olvidadizo
frail	frágil, delicado
healthy	saludable
mature	maduro
maturity	la madurez
menopause	la menopausia

middle-aged	de mediana edad
mid-life crisis	la crisis de la mediana edad
old	viejo
old age	la vejez
old man	el viejo
old woman	la vieja
orphan	el huérfano *m*, la huérfana *f*
pension	la pensión
pensioner	el pensionista *m*, la pensionista *f*
to retire	jubilarse
retirement	la jubilación
retirement home	el hogar del pensionista
senior	senior
vigorous	vigoroso
widower	el viudo
widow	la viuda

FISH   LOS PECES

freshwater fish	los peces de agua dulce
carp	la carpa
perch	la perca
pike	el lucio
piranha	la piraña
trout	la trucha
voracious	voraz

marine mammals	**los mamíferos marinos**
dolphin	el delfín
killer whale	la orca
manatee (sea cow)	la vaca de mar
seal	la foca
sea lion	el león marino
walrus	la morsa
whale	la ballena
sea creatures	**las criaturas marinas**
anemone	la anémona
caviar	el caviar
cephalopod	el cefalópodo, el pulpo
cod	el bacalao
coral	el coral
coral reef	el arrecife de coral
eel	la anguila
electric eel	la anguila eléctrica
elver	la angula
fin, flipper	la aleta
gills	las agallas
hake	la merluza
herring	el arenque
jellyfish	la medusa
krill	el krill
octopus	el pulpo
plankton	el plancton
salmon	el salmón
sardine	la sardina

scale	la escama
school (of fish)	el cardumen, el banco
sea horse	el caballito de mar
shark	el tiburón
skate	la raya
squid	el calamar
starfish	la estrella de mar
sturgeon	el esturión
tentacle	el tentáculo
tuna fish	el atún, el bonito
shellfish	**los moluscos**
clam	la almeja
cockle	el berberecho
crab	el cangrejo
crayfish	el ástaco
crustacean	el crustáceo
cuttlefish	la sepia
limpet	la lapa
lobster	la langosta
mollusc	el molusco
mussel	el mejillón
oyster	la ostra
prawn	la gamba
sea urchin	el erizo de mar
seashell	concha de mar
shell	la concha
shrimp	el camarón
whelk	el buccino

civil service	**el servicio civil**
administrator	el administrador
ambassador	el embajador
attaché	el agregado
chargé d'affaires	el secretario
civil servant	el empleado del servicio civil
consul	el cónsul
consulate	el consulado
deputy	el diputado
diplomacy	la diplomacia
diplomat	el diplomado
embassy	la embajada
local government	**el govierno local**
to administer	administrar
to adopt	adoptar
to advise	aconsejar
to campaign	hacer campaña
community	la comunidad
council	el consejo
councillor	el consejero
to deliberate	deliberar
dialogue	el dialogo
to discuss	discutir
mayor	el alcalde
public meeting	la reunión pública
referendum	el referéndum
session	la sesión

town council	el ayuntamiento
town hall	la casa del ayuntamiento
voluntary	voluntario
volunteer	el voluntario
monarchy	**la monarquía**
absolute	absoluta
to assent	asentir, consentir
aristocracy	la aristocracia
aristocrat	el aristócrata *m,*
	la aristócrata *f*
autocratic	autocrático
ceremony	la ceremonia
ceremonial	ceremonial
chancellor	el canciller
commoner	el plebeyo
to confiscate	confiscar
confiscation	la confiscación
constitutional	constitucinal
coronation	la coronación
counter-revolution	la contrarrevolución
court	la corte
courtier	el cortesano
crown	la corona
to crown	coronar
crown jewels	las joyas de la corona
decree	el decreto
to decree	decretar
disestablishment	la desestabilización

divine right	el derecho divino
emperor	el emperador
empress	la emperatriz
established Church	la iglesia del estado
figurehead	la figura de cabeza
formal	formal
formality	la formalidad
guillotine	la guillotina
to guillotine	guillotinar
inheritance	la herencia
king	el rey
lineage	el linaje
majesty	majestad
monarch	el monarca
photo opportunity	la oportunidad fotográfica
primogeniture	el primogénito
prince	el príncipe
princess	la princesa
to proclaim	proclamar
proclamation	la proclamación
queen	la reina
rank	el rango
to reign	reinar
regal	regio
revolution	la revolución
robes	la toga
royal	real

secular	secular
secularisation	la secularización
subject	el súbdito
throne	el trono
title	el título
viceroy	el virrey
walkabout	baño de multitudes
whim	el capricho
politics	**la política**
cabinet	el gabinete
city-state	la ciudad estado
communist	comunista
conservative	conservador
democrat	el (la) demócrata
to elect	elegir
election	la elección
fascist	fascista
to govern	gobernar
green party	el partido verde, los verdes
liberal	liberal, de izquierdas
market economy	la economía de mercado
minister	el ministro
ministry	el ministerio
parliament (Spain)	el parlamento (las cortes)
political	político
politician	el político
president	el presidente
republic	la república

republican	republicano
senate	el senado
senator	el senador
social democrat	social-demócrata
socialist	socialista
state	el estado
vote	el voto
to vote	votar

ailments	**los achaques**
anti-histamine	el antihistamínico
aspirin	la aspirina
boil	hervir
to catch a cold	resfriarse, constiparse
cold (illness)	el catarro, el resfriado, el constipado
cough	la tos
to cough	toser
cramp	el calambre
dermatitis	la dermatitis
flu	la gripe
to get fat	engordar
hay fever	la alergia
headache	el dolor de cabeza
hormone	la hormona

imbalance	el desajuste
migraine	la jaqueca
rash	la erupción (cutánea)
stomach upset	el trastorno estomacal
tonsillitis	la amigdalitis
wart	la verruga
complementary medicine	**la medicina alternativa**
acupuncture	la acupuntura
aromatherapy	la aromoterapia
chiropractic	la quiropráctica
faith healing	la curación de fé
holistic	holístico
massage	el masaje
spa	el balneario
drug abuse	**el abuso de drogas**
alcohol	el alcohol
alcoholic	el alcohólico *m*, la alcohólica *f*
aversion therapy	la terapia de aversión
cocaine	la cocaína
dealer	el traficante, el camello
detoxification	la detoxificación
drug	la droga
drug addict	el toxicómano
drug addiction	la toxicomanía
drugs traffic	el narcotráfico
drugs trafficker	el narcotraficante

hangover	la resaca
hashish	el hachís, el chocolate
heroin	la heroína
to inhale	inhalar
to inject	inyectar
to launder money	blanquear el dinero
marijuana	la marihuana
methadone	la metadona
nicotine	la nicotina
passive smoking	el fumador pasivo
to smoke	fumar
to sniff	esnifar
snuff	el tabaco en polvo
syringe	la jeringuilla
to take drugs	drogarse
withdrawal syndrome	el síndrome de abstinencia
hospital	**el hospital**
anaesthetic	la anestesia
anaesthetist	el (la) anestesista
antibiotic	el antibiótico
antibody	el anticuerpo
blood cell	la célula sanguínea
blood group	el grupo sanguíneo
blood pressure	la presión sanguínea
blood test	el análisis de sangre
bypass operation	la operación de bypass
care	el cuidado

careful	cuidadoso
careless	descuidado
carelessness	el descuido
clinic	la clínica
consultant	el especialista, el asesor
curable	curable
cure	la cura
to cure	curar
diagnosis	el diagnóstico
doctor	el médico *m*, la médica *f*
face-lift	el estiramiento facial
genetic engineering	la ingeniera genética
incurable	incurable
infirmary	la enfermería
to look after	cuidar
medicine	la medicina
microsurgery	la microcirugía
negligent	negligente
nurse	el enfermero *m*, la enfermera *f*
outpatient	el paciente externo
painkiller	el analgésico
patient	el paciente
pharmacist	el farmacéutico *m*, la farmacéutica *f*
pharmacy	la farmacia
pill	la píldora
plastic surgery	la cirugía estética
prescription	la receta

to relieve	aliviar
specialist	el (la) especialista
surgeon	el cirujano
surrogate mother	la madre de alquiler
test-tube baby	el bebé probeta
therapy	la terapia
treatment	el tratamiento
to undergo an	operarse
operation	la operación
vaccine	la vacuna
illnesses	**las enfermedades**
acute	aguda
AIDS	el SIDA
allergy	la alergía
allergic	alérgico
angina	la angina
anorexia	la anorexia
anorexic adj	anoréxico
arthritis	artritis
breast cancer	el cáncer de mama
bulimia	la bulimia
bulimic	el bulímico
cancer	el cáncer
chemotherapy	la quimoterapia
chronic	crónico
disability	la incapacidad
disabled	la persona incapacitada
diverticulitis	la diverticulitis

donor	el (la) donante
eczema	el eczema
food poisoning	la intoxicación alimenticia
gallstone	el cálculo biliario
haemophilia	la hemofilia
haemophiliac	el hemofílico
handicap	la minusvalía
handicapped	el minusválido
heart attack	el infarto
heart surgery	la cirugía cardíaca
heart transplant	el trasplante de corazón
hepatitis	la hepatitis
HIV-positive	VIH positivo
implant	el implante
infertile	estéril
multiple sclerosis	la esclerosis múltiple
obese	obeso
obesity	la obesidad
pacemaker	el marcapasos
pneumonia	la pulmonía
psoriasis	la psoriasis
rheumatism	el reumatismo
septicaemia	la septicemia
stroke	la apoplejía
tumour	el tumor
injury	**la herida**
to bleed	sangrar
cast	la escayola

to clot	coagularse
crutches	las muletas
to cut oneself	cortarse
to dislocate	dislocarse
fracture	la fractura
hernia	la hernia
to injure	herir
pain	el dolor
painful	doloroso
to scar	cicatrizarse
sprain	la torcedura
stitches	los puntos
to twist	torcer
wheelchair	la silla de ruedas
wound	la herida
mental illness	**las enfermedades mentales**
to depress	deprimirse
depressed	deprimido
depression	la depresión
hypochondriac	hipocondríaco
mad	loco
madness	la locura
manic-depressive	maníaco depresivo
obsession	la obsesión
personality	el desorden de
disorder	personalidad
psychoanalysis	el psicoanálisis
psychoanalyst	el (la) psicoanalista

psychologist	el psicólogo *m*, la psicóloga *f*
psychology	la psicología
psychopathic	el (la) psicópata
psychosomatic	psicosomático
schizophrenia	la esquizofrenia
self-esteem	la autoestima
prevention	**la prevención**
aerobic	aeróbico
calcium	el calcio
calorie	la caloría
check up	el chequeo
cholesterol	el colesterol
diet	el régimen
energy	la energía
exercise	el ejercicio
fit	estar en forma
fitness	la forma física
flexible	flexible
gym	el gimnasio
healer	el curador *m*, la curadora *f*
healthy	sano
minerals	los minerales
nutrition	la nutrición
screening	la exploración
stiff	rígido, tieso
supple	flexible
trace element	los oligoelementos, los elementos traza

unhealthy	malsano
weight-bearing	los ejercicios de resistencia
vitamin	la vitamina
sickness	**la enfermedad**
to be ill	estar enfermo, estar malo
to become ill	ponerse enfermo
contagious	contagioso
epidemic	la epidemia
germ	el germen
to get well	sanar
microbe	el microbio
plague	la plaga
to recover	restablecerse
sick	enfermo
to suffer	padecer
symptoms	**los síntomas**
ache	el dolor
(to) faint	(desmayarse) desmayado
fever	la fiebre
to heat	calentar
hoarse	ronco
hot	caliente
indigestion	la indigestión
intolerance	la intolerancia
pain	el dolor
pale	pálido
perspiration	la transpiración
to shiver	temblar

sore throat	el dolor de garganta
sweaty	sudoroso
swelling	hinchandose
swollen	hinchado
temperature	la calentura
to turn pale	palidecer

DENTAL HEALTH	LA SALUD DENTAL, BUCAL
abcess	el abceso
amalgam	la amalgama
anaesthetic (local)	anstesia (local)
to bite	morder
braces	las abrazaderas
bridge	el puente
broken	roto
cap	la funda
cavity	la caries
crown	la corona
dentist	el (la) dentista
dentures	la dentadura
to drain	drenar
to drill	perforar
to extract	extraer
extraction	la extracción
filling	el empaste
gold	el oro
hygienist	el (la) higienista
mouthwash	lavado de boca

orthodontist	el ododontólogo
peg	la clavija
porcelain	la porcelana
to rinse out	enjuagarse
root canal	el canal radicular
sore adj	inflamado
temporary	temporal
tender	tierno
toothache	el dolor de muelas
ulcer	la llaga, la úlcera

for *chemist*, see **hospital**, *pharmacist p78*

bathroom	**el cuarto de baño**
airing cupboard	el armario
to air	ventilar, airear
bath, bathtub	el baño, la bañera
bathmat	la alfombrilla de baño
bathrobe	el albornoz
to bathe	bañarse
burst (to burst)	reventado (reventar)
cabinet	el armario
condensation	la condensación
damp	húmedo, mojado
dry	seco
to dry oneself	secarse

extractor fan	el extractor
facecloth	la toallita
to floss	pasarse el hilo dental
mirror	el espejo
mould, mildew	el moho
mouthwash	el enjuague bucal
pipe	la tubería, la cañería
plug	el enchufe, el tapón
plughole	el desagüe
plumber	el fontanero
scales	la balanza
shower	la ducha
sponge	la esponja
to take a shower	ducharse
tap	el grifo
toilet bowl	el inodoro
toilet paper	el papel higiénico
toothbrush	el cepillo de dientes
tooth floss	el hilo dental
toothpaste	el dentífrico
toothpick	el palillo
towel	la toalla
towel rail	el toallero
to turn off (tap)	cerrar (el grifo)
to turn on (tap)	abrir (el grifo)
to wash (oneself)	lavar (lavarse)
washbasin	el lavabo, la palangana, la jofaina

washer (of tap)	la arandela
	see also **toiletries**, *p104*
bedroom	**el dormitorio, la alcoba**
alarm clock	el despertador
to awaken	despertarse
bed	la cama
to go to bed	acostarse
bedspread	el cubrecama
blanket	la manta
bolster	el cabezal
bunk bed	la litera
chest of drawers	la cómoda
coat hanger	la percha
cot	la cuna
drawer	el cajón
dressing table	el tocador
duvet	el edredón nórdico
duvet cover	la funda del edredón
the early hours	la madrugada
electric blanket	la manta eléctrica
to fold	doblar
to get up early	madrugar
hot-water bottle	la bolsa de agua caliente
linen basket	el cesto de la ropa
master bedroom	el dormitorio, la alcoba
mattress	el colchón
nightcap (drink)	el vaso de la mesilla
pillow	la almohada

pillowslip	la funda de la almohada
quilt	el edredón
screen	el biombo
sheets	las sábanas
to sleepwalk	pasearse dormido
sleepwalker	el sonámbulo, la sonámbua
sleepwalking	el sonambulismo
slippers	las zapatillas
stool	el taburete
to wake up	despertarse
wardrobe	el armario, el guardaropa
building	**el edificio, la construcción**
air conditioning	el aire acondicionado
angular	angular
beam	la viga
board	la tabla
boiler	el termo
brick	el ladrillo
to build	edificar, construir
building site	la obra
cable	el cable
ceiling	el techo
cement	el cemento
chimney, fireplace	la chimenea
circuit breaker	el cortocircuito
column	la columna
concrete	el hormigón
cornerstone	la piedra angular

contractor	el contratista
coving	la cubierta
to demolish	derribar
to destroy	destruir
drainpipe	la cañería de desagüe
ducting	las conducciones
electricity supply	el suministro eléctrico
floor	el suelo
foundations	los cimientos
to found	fundar
fusebox	la caja de fusibles
gutter	la canaleta
heating system	el sistema de calefacción
joist	la viga
meter (for gas etc)	el contador (para gas, etc)
partition wall	la pared
pipework	el trabajo de fontanería
plan	el plan, el mapa
plaster	el yeso
plumbing	la fontanería, las cañerías
repair	la reparación
roof	el tejado, el techo
roof tile	la teja
sand	la arena
to screed	documentar
skirting	el zócalo
slate	la pizarra
smoke detector	el detector de humo

solid adj	sólido
step	el peldaño
stone	la piedra
stopcock	la llave de paso
tile	la baldosa, el azulejo
vent	la rejilla
wall	el muro
water tank	el depósito del agua
wood	la madera
to clean	**limpiar**
basket	el cesto
broom	la escoba
bucket	el cubo
clean	limpio
dirty	sucio
empty	vacío
to empty	vaciar
to fill	llenar
full	lleno
to rub	frotar
to scrub	fregar, restregar
to sweep	barrer
to wash (dishes)	fregar
to wipe	enjugar
corridor	**el pasillo**
grandfather clock	el reloj de pie
hall (large room)	la sala
hall, lobby	el vestíbulo

hatstand	el perchero
decoration	**la decoración**
antiquated	antiguo
blind	la persiana
carpet	la alfombra
chintz	la cretona
comfortable	cómodo
curtain	la cortina
damask	el damásco
eggshell finish	el acabado pulido
emulsion paint	la pintura
floor tile	la baldosa
frame	el marco
furniture	los muebles
furnished	amueblado
gloss paint	el esmalte
to hang	colgar
hessian	la arpilleta
to keep, preserve	guardar
linen	la ropa blanca
loose cover (sofa)	la funda (para el sofá)
luxurious	lujoso
modern	moderno
moth-eaten	apollillado
paint	la pintura
to paint	pintar
paint (colour) chart	el gráfico a colores

photograph	la fotografía
photo album	el álbum fotográfico
picture	el cuadro
piece of furniture	un mueble
pile (of carpet)	el pelo (de alfombra)
portrait	el retrato
radiator	el radiador
roomy, spacious	espacioso
rug, mat	el tapete
samples	las muestras
to sand	lijar
sandpaper	el papel de lija
silk finish	el terminado de seda
to take down	descolgar
tapestry	la tapicería
a tapestry	un tapiz
tile (decorative)	el azulejo
tiling	el embaldosado
uncomfortable	incómodo
Venetian blind	la celosía
wallpaper	el papel pintado
to wallpaper	empapelar
weave (of carpet)	el entretejido
dining room	**el comedor**
beverage, drink	la bebida
bottle	la botella
bottle-opener	el abrebotellas
breakfast (to ~)	el desayuno (desayunar)

to carve (meat)	trinchar
chair	la silla
china	la porcelana, la loza
coffee mill	el molinillo del café
coffee pot	la cafetera
cork	el corcho
corkscrew	el sacacorchos
to cover	tapar, cubrir
crockery	la vajilla
cup, saucer	la taza, el platillo
to cut	cortar
cutlery	la cuchillería
(set of) *cutlery*	los cubiertos
dessert spoon	la cucharilla de postre
dinner (to dine)	la comida (comer)
to drink	beber
(drinking) *glass*	el vaso, la copa
fork	el tenedor
gravy (sauce) boat	la salsera
ice bucket	la cubitera
to keep warm	mantener caliente
knife	el cuchillo
lunch (to lunch)	el almuerzo (almorzar)
meals	las comidas
mustard pot	el tarro de mostaza
mustard spoon	la chucharilla de mostaza
napkin	la servilleta
pepper grinder	el molinillo de pimienta

plate	el plato
to pour out	verter
to pull out	sacar
salt cellar	el salero
serving dish	la fuente
sharp	cortante
sideboard	el aparador
spoon (spoonful)	la cuchara (la cucharada)
stainless steel	el acero inoxidable
sugar bowl	el azucarero
supper (to have ~)	la cena (cenar)
table (service)	la mesa (el servicio de mesa)
tablecloth	el mantel
table mat	la mantelería
tablespoon	la cuchara
tea pot	la tetera
teaspoon	la cucharilla
to toast (health)	brindar
tray	la bandeja
to uncork	descorchar
to uncover	destapar
electricity	**la electricidad**
central heating	la calefacción central
fan	el ventilador
heater	la estufa
light bulb	la bombilla
meter	el contador
plug	el enchufe

socket	la toma de corriente
switch	el interruptor
to switch off	apagar
to switch on	encender
fire	**el fuego**
ashes	las cenizas
to blaze	arder
to burn (burning)	quemar (ardiente)
charcoal	el carbón de leña
coal	el carbón
embers	el rescoldo
firewood	la leña
flame	la llama
to glow	resplandecer
hearth	el hogar
to light	encender
matches	los fósforos, las cerillas
to poke	atizar
poker	el hurgón
to scorch	abrasar
shovel	la pala
to smoulder	arder sin llama
spark	la chispa
to sparkle	chispear
stove	la estufa
smoke	el humo
to smoke (of fire)	humear
woodcutter	el leñador

housing	**el alojamiento**
apartment block	el edificio de pisos
bungalow	el bungalow
castle	el castillo
chalet	el chalet
cottage	la casita, la choza
council house	la casa del ayuntamiento
country house	la casa de campo
farmhouse	el caserío, la quinta
house	la casa
houseboat	el bote-vivienda
caravan	la caravana
hut	la casilla
igloo	el iglú
lighthouse	el faro
log cabin	la cabaña de troncos
manor house	la casa solariega
mansion	la mansión
palace	el palacio
penthouse	la casa de azotea
semi-detached	la casa semi-adosada
shack	la casucha
shanty	la chabola
shantytown	la barriada
stately home	la casa grande
tepee	el tipi
terraced house	la casa adosada
villa	el chalet, la villa

inside	**el interior**
banisters	la barandilla
door	la puerta
hinge	el gozne
to inhabit	habitar
inhabitant	el habitante
jamb (door frame)	el marco de la puerta
key	la llave
lintel	el dintel
lock	la cerradura
to lock	cerrar
to open	abrir
opening	la abertura
to reside	morar
residence	la morada
room	el cuarto, la habitación
to shut, close	cerrar
staircase	la escalera
stairs	las escaleras
step	el peldaño
kitchen	**la cocina**
appliance	los electrodomésticos
barbecue grill	la parrilla
bench	el banco
to boil	cocer
cabinet	el armario
casserole	la cazuela
chopping board	la tabla de cortar

cleaver	el cuchillo de carnicero
to cook	cocinar
dishcloth	el estropajo
dishwasher	el lavavajillas
draining board	el escurridero
electric cooker	la cocina éléctrica
food mixer	el robot de cocina
food processor	la batidora
freezer	el congelador
frying pan	la sartén
gas cooker	la cocina de gas
glassware	la cristaleda
grater	el rallador
grill	el grill
iron	la plancha
ironing board	la tabla de planchar
jug	el jarro
kitchen knife	el cuchillo de cocina
larder	la alacena
lid, cover	la tapa
microwave	el microondas
to microwave	calentar en microondas
oven	el horno
oven glove	los guantes para el horno
pitcher	la jarra
plate rack	la rejilla para los platos
pot	el puchero, la olla
pressure cooker	la olla a presión

refrigerator	el refrigerador
roasting tin	la fuente para el horno
rubbish	la basura
rubbish bin	el cubo de la basura
saucepan	la cacerola
sewing machine	la máquina de coser
sink	el fregadero, la pila
shelf	el anaquel, el estante
spatula	la espátula
tea towel	el paño de cocina
toaster	la tostadora
utensils	los utensilios
utility room, pantry	la despensa
vacuum cleaner	la aspiradora
washing machine	la lavadora
washing powder	el detergente
waste disposal unit	la trituradora
wooden spoon	la cuchara de madera
worktop	el banco de trabajo
lighting	**el alumbrado**
candle	la candela
candlestick	el candelero
dazzle, splendour	la lumbre
lamp	la lámpara
lampshade	la pantalla
light	la luz
light fittings	los accesorios luminosos
light switch	el interruptor

to light up	alumbrar
to put out	apagar
wax	la cera
wick	la mecha
living room	**la sala de estar**
CD (DVD) player	el lector de CD (DVD)
hi-fi	la alta fidelidad
LP	el elepé
radio	la radio
record-player	el tocadiscos
television	la televisión
video recorder	el aparato de vídeo
lounge (of hotel)	**el salón**
bar	el bar
cocktail	el cocktail
drinks	las bebidas
guest	el invitado, el convidado
to invite	invitar
to serve	servir
office, study	**el despacho**
answerphone	el contestador automático
calculator	la calculadora
computer	el ordenador; la computadora
cupboard	el armario
desk	la mesa de trabajo
dictaphone	el dictáfono
to edit	editar
envelope	el sobre

fax	el fax
filing cabinet	el fichero, el archivo
floppy disk	el diskette
handwriting	la escritura
keyboard	el teclado
modem	el modem
monitor	el monitor
mouse	el ratón
postage stamp	el sello de correos
printer	la impresora
software	el software
stationery	los artículos de papelería
swivel chair	la silla giratoria
telephone	el teléfono
to type	escribir a máquina
voicemail	el buzón de voz
workstation	la estación de trabajo
to write	escribir
writing desk	el escritorio, el bufete

see also **WORK**, BUSINESS, **office** *p218*

outbuildings	**los accesorios externos**
bolt	el cerrojo
flowerpot	el macetero
garage	el garaje
garden tools	las herramientas de jardinería
hasp	el pasador
ladder	la escala

101

neglected	descuidado
padlock	el candado
shed	el cobertizo
storage	el almacén
whitewashed	blanqueado
wooden	de madera
worm-eaten	carcomido
outside	**el exterior**
balcony	el balcón
doorbell	el timbre
doorkeeper	el portero
doorknocker	la aldaba
doormat	el felpudo
to enter	entrar (en)
entrance	la entrada
façade	la fachada
front door	el portal
glass	el vidrio
to go out	salir
to knock at the door	llamar a la puerta
to lock up	cerrar con llave
porch	el pórtico
shutter	la persiana
threshold	el umbral
way out	la salida
window	la ventana
windowpane	los cristales
windowsill	el alféizar

ownership	**la propriedad**
agent	el (la) agente
change	el cambio
contract	el contrato
deposit	el depósito
estate agent	el (la) agente de la propiedad
forfeit	la pérdida, la multa
freehold	el feudo franco
interest	el interés
to move house	mudarse
landlord, owner	el dueño, el propietario
lease	el contrato de arrendamiento
lessee	el arrendatario
to let	alquilar
life insurance	el seguro de vida
mortgage	la hipoteca
to own	poseer, tener
rent (payment)	la renta, el alquiler
to rent	alquilar
repayment	la devolución, el reembolso
to sublet	subalquilar
tenant	el inquilino
sitting room	**la sala de estar**
armchair	el sillón, la butaca
book(s)	el libro (los libros)
bookcase	la estantería
bookshelf	el estante
clock	el reloj

couch	el canapé
cushion	el cojín
ornament	un adorno
to relax	relajarse
to rest	descansar
rocking chair	la mecedora
seat	el asiento
to sit down	sentarse
to be sitting	estar sentado
sofa	el sofá
storeys	**los pisos**
to ascend	ascender
ascent	la subida
attic	la buhardilla, el ático
cellar	la bodega
descent	la bajada
downstairs	escalera abajo
first floor	el piso principal
to go down	bajar
to go up	subir
ground floor	el piso bajo
landing	el rellano
lift	el ascensor
low	bajo
top floor	el piso de arriba
upstairs	escaleras arriba
toiletries	**los artículos de tocador**
bath oil	aceite de baño

body lotion	loción para el cuerpo
brush (to brush)	el cepillo (cepillarse)
cleanser	el limpiador
comb (to comb)	el peine (peinarse)
compact	la polvera
conditioner	el acondicionador
ear drops	las gotas para los oídos
electric razor	la máquina de afeitar
emery board	la lima de uñas
eye drops	las gotas para los ojos
face cream	la crema de belleza
face pack	la mascarilla
first-aid kit	el maletín de primeros auxilios
hairdryer	el secador
hair gel	el gel del pelo
hairnet	la redecilla
hairpiece	el postizo
hairpin	la horquilla
hairslide	el pasador
hairspray	el fijador
hand cream	la crema de manos
lip gloss	el brillo de labios
lip salve	el bálsamo labial
lipstick	la barra de labios
makeup	el maquillaje
nail clippers	el cortauñas
nail varnish	el esmalte de uñas

razor (cut-throat)	la navaja
razorblade	la hoja de afeitar
safety razor	la maquinilla de afeitar
shampoo	el champú
shaving foam	la espuma de afeitar
soap	el jabón
talcum powder	los polvos de talco
toner	el tonificador
tools	**las herramientas**
awl	la lezna
axe	la hacha
to dig	el taladro
drill	la broca
drill bit	el taladro
(garden) *fork*	la horca
glue	la cola
to glue, stick	pegar
hammer (to hammer)	el martillo (clavar)
hoe (to hoe)	el azadón (cavar)
lawnmower	el cortacésped
nail	el clavo
to nail	clavar
paintbrush	la brocha
pickaxe	el pico
plane (to plane)	el cepillo (cepillar)
rake (to rake)	el rastrillo (rastrillar)
sander (to sand)	la lijadora (lijar)
saw (to saw)	la sierra (aserrar)

sawdust	el serrín
screw	el tornillo
screwdriver (to ~ in)	el destornillador (atornillar)
spade	la pala

appearance	**el aspecto**
beautiful	hermoso
beauty	la hermosura
big	grande
bony	huesudo, flaco
broad	ancho, amplio
fat	gordo
handsome	guapo
height	la talla
left	la izquierda
left-handed	zurdo
long	largo
narrow	estrecho
plump	rechoncho, rollizo
pretty	bonito
right	la derecha
right-handed	diestro
short	bajo, corto
small	pequeño
strength	la fuerza

strong	fuerte
tall	alto
ugliness	la fealdad
thin, slight	delgado
ugly	feo
weak	débil
weakness	la debilidad
hair	**el pelo**
auburn	castaño-rojizo
bald	calvo
beard	la barba
bearded	barbudo
blond(e)	rubio
brown	castaño
clean-shaven	rasurar
coarse	grueso
curl	el rizo
curly	rizado
dandruff	la caspa
dark	moreno
depilatory	el depilatorio
facial hair	el vello facial
fair	rubio
fine	fino
grey hair	las canas
to grow a beard	dejar crecer la barba
haircut	el corte de pelo
moustache	el bigote

plait	la trenza
red-haired	pelirojo
rough	rugoso
scalp	el cuero cabelludo
to shave	afeitarse
sideburns	las patillas
silky	sedoso
smooth	liso

HEAD	LA CABEZA
ear	**la oreja, el oído**
eardrum	el tímpano
earlobe	el lóbulo de la oreja
eye	**el ojo**
baggy-eyed	las ojeras
cornea	la córnea
cross-eyed	bizco
eyebrow	la ceja
eyelash	la pestaña
eyelid	el párpado
eyesight	la vista
iris	el iris
long-sighted	el hipermétrope
one-eyed	tuerto
pupil	la pupila
retina	la retina
short-sighted	el miope
squint	el estrabismo

tear	la lágrima
weeping	llorón
wide-eyed	con los ojos abiertos
face	**la cara**
beauty spot	el lunar
complexion	la complexión
dimple	el hoyuelo
expression	la expresión
freckle	la peca
freckled	pecoso
to frown	fruncir las cejas
pore	el poro
wart	la verruga
wrinkle	la arruga
features	**los rasgos**
cheek	la mejilla
chin	la barbilla
forehead	la frente
neck	el cuello
skull	el cráneo
throat	la garganta
mouth	**la boca**
to bite	morder
eyetooth	el colmillo
gum	la encía
jaw	la mandibula
to lick	lamer
lip	el labio

palate	el paladar
to purse the lips	fruncir los labios
smile (to smile)	la sonrisa (sonreír)
taste bud	la papila gustativa
tongue	la lengua
tooth	el diente
nose	**la nariz**
aquiline	aguileña
bridge (of nose)	el caballete
hooked	ganchuda
nostril	la ventana de la nariz
retroussé, snub	chata

LIMB	EL MIEMBRO
arm	**el brazo**
elbow	el codo
finger	el dedo
fingernail	la uña
fist	el puño
forearm	el antebrazo
hand	la mano
handful	el puñado
handshake	el apretón (de manos)
index finger	el (dedo) índice
knuckle	el nudillo
palm	la palma
thumb	el pulgar
wrist	la muñeca

leg	**la pierna**
ankle	el tobillo
bow-legged	estevado
calf	la pantorilla
foot	el pie
hamstring	el contramuslo
heel	el talón
instep	el empeine
knee	la rodilla
kneecap	la rótula
to kneel	arrodillarse
knock-kneed	patizambo
lame (to limp)	cojo (cojear)
to run	correr
sole	la planta del pie
thigh	el muslo
toe	el dedo del pie
toenail	la uña del pie
to walk	pasear, caminar
TORSO	EL TORSO
artery	la arteria
back	la espalda
bladder	la vejiga
blood	la sangre
bone	el hueso
brain	el cerebro
breast	el seno

to breathe	respirar
buttock	las nalgas
capillary	el capilar
cartilage	el cartílago
chest	el pecho
to excrete	excretar
gland	la glándula
groin	el ingle
heart	el corazón
heartbeat	el latido (del corazón)
hip	la cadera
joint	la articulación
kidney	el riñón
larynx	la laringe
ligament	el ligamento
liver	el hígado
lung	el pulmón
muscle	el músculo
ovary	el ovario
penis	el pene
pulse	el pulso
rib	la costilla
scar	la cicatriz
scrotum	el escroto
shoulder	el hombro
side	el costado
skeleton	el esqueleto
skin	la piel

spine	la espina dorsal
spleen	el bazo
temperature	la temperatura
tendon	el tendón
testicle	el testículo
urethra	la uretra
to urinate	orinar
vagina	la vagina
vein	la vena
waist	la cintura
windpipe	la tráquea
womb	la matriz, el útero

SENSE	EL SENTIDO
consciousness	**consciencia**
alert	alerta
asleep	dormido
to be awake	estar despierto
breath	el aliento
breathing	la respiración
to breathe	respirar
conscious	consciente
to doze	dormitar
dream (to dream)	el sueño (soñar)
drowsy	somnoliento
to lie down	acostarse
nightmare	la pesadilla
to be sleepy	tener sueño

to fall asleep	dormirse
to be hypnotised	ser hipnotizado
to raise	levantar
repose	el reposo
reverie	el ensueño
sleep (to sleep)	el sueño (dormir)
to stand (to ~ up)	estar de pie (levantarse)
trance	el trance
unconscious	inconsciente
hearing	**el oído**
acute	agudo
audible	audible
clamour	clamor
deaf	sordo
deaf-mute	el (la) sordomudo(a)
deafness	la sordera
emphasis	el énfasis
harmony	la armonía
to hear	oír
inaudible	inaudible
intonation	la entonación
to listen	escuchar
listener	el oyente
loud	fuerte
music	la música
musical	musical
muted, dull	mudo
noise	el ruido

pitch, tone	el tono
quiet	silencioso
sound	el sonido
sight	**la vista**
blind (to blind)	ciego (cegar)
blinding	cegado
blindness	la ceguera
blind spot	el punto ciego
blurred	borroso
bright	brillante
clear	claro
flickering	parpadeante
focus	el foco
glance (to glance)	el vistazo, la ojeada (ojear)
invisible	invisible
light	la luz
look (to look)	la mirada (mirar)
to notice	reparar
to observe	observar
opaque	opaco
seeing	viendo
to see	ver
sharp	agudo
transparent	transparente
visible	visible
vivid	vívido
(sense of) **smell**	**el olfato**
appetising	apetitoso

aroma	el aroma
aromatherapy	la aromoterapia
fragrance	la fragancia
odour, smell	el olor
perfume	el perfume
scent	la esencia
to smell (of)	oler (a)
stench	el hedor
stink	el tufo
sweat (to sweat)	el sudor (sudar)
speech	**el discurso**
to be quiet	callarse
to be silent	estar en silencio
to deafen	ensordecer
deafening	ensordecedor
laugh (to laugh)	la risa (reír)
laughing adj	risueño
murmur (to murmur)	el murmullo (murmurar)
mute, muted	mudo
perfect pitch	el tono perfecto
raucous	estridente
to say	decir
saying	el dicho
to shout	gritar
to sing	cantar
to speak	hablar
to talk	contar
voice	la voz

whisper (to whisper)	el susurro (susurrar)
(sense of) **taste**	**el gusto**
bitter	amargo
delicious	delicioso
dry	seco
flavour	el sabor
rancid	rancio
salty, savoury	salado
to savour	saborear
sweet	dulce
to taste	probar
to taste (of)	saber (a)
tasting	la degustación
tasty	sabroso
(sense of) **touch**	**el tacto**
abrasive	abrasivo
to beat	golpear
biting	mordiendo
burning	ardiente
to cling	agararse
cold	frío
damp	húmedo
dry	seco
to feel	sentir
freezing	congelado
to grasp	agarrar
to grip	asir
to handle	manejar

hot	caliente
to massage	dar un masaje
moist	húmedo
to pummel	aporrear
rough	rugoso
sensuous	sensual
slippery	resbaladizo
smooth	liso
stinging	escociendo, picando
to stroke	acariciar
tactile	táctil
to touch	tocar
warm	cálido
wet	mojado

THE LAW   LA LEY

to accuse	acusar
accused	el acusado, el reo
Act of Parliament	la ley parlamentaria
to advocate	abogar
affidavit	la declaración jurada
appeal (to appeal)	la apelación (apelar)
appointment	la cita
bail	la fianza
to bail	poner el libertad bajo fianza
bailiff	el alguacil

barrister, lawyer	el abogado
case law	el caso de ley
clerk	el secretario de judgado
court	el juzgado
Court of Human Rights (European)	el tribunal de los derechos humanos (europeo)
defence (to defend)	la defensa (defender)
defendant	el demandado
deposition	la deposición
EC Directive	la directiva de la UE (Unión europea)
evidence	las pruebas
examining magistrate	el juez de instrucción
indictment	la acusación
judge (to judge)	el juez (juzgar)
judgement	el juicio
judicial review	la revisión judicial
jury	el jurado
just	justo
justice	la justicia
legal	legal
magistrates' court	el magistrado de la corte
natural justice	la justicia natural
oath	el juramento
to plead	alegar
precedent	precedente
remand	el detenido

on remand	bajo custodia
self-defence	la defensa propia
statement	la declaración
summons	la citación
to summons	citar, emplazar
to swear	jurar
transcript	la transcripción
trial	el proceso
tribunal	el tribunal
unjust	injusto
witness	un testigo
to (bear) witness	atestiguar
to bequeath	**legar**
beneficiary	el beneficiario
heir, heiress	el heredero, la heredera
keepsake	mantenerse a salvo
to inherit	heredar
inheritance	la herencia
intestate	el intestado, el abienestado
in trust	en confianza
to make a will	testar
will	el testamento
capital punishment	**la pena de muerte**
electric chair	la silla eléctrica
executioner	el verdugo
firing squad	el pelotón de fusilamiento
gallows	la horca
pardon	el indulto

civil law	**la ley civil**
arbitration	el arbitraje
bigamist	el bígamo
bigamy	la bigamía
to embezzle	malversar
embezzlement	la malversación
false imprisonment	la detención ilegal
fault	la culpa
fraud	el fraude
illegal	ilegal
to infringe	infringir, transgredir
injury	el perjuicio
lawsuit	el pleito
plaintiff	el demandante
to protect	proteger
to sue	demandar
suicide	el suicidio
testimony	el testimonio
criminal law	**la ley criminal**
to arrest	detener
assault	la agresión, el asalto
bandit	el bandido
blackmail	el chantaje
to blackmail	chantajear
to commit	cometer
crime	el crimen
handcuff	las esposas
to handcuff	esposar

to hold hostage	tomar rehenes
kidnap (to kidnap)	el secuestro (secruestrar)
to kill	matar
murder (to murder)	el asesinato (asesinar)
murderer	el asesino
offence	el delito
rape	la violación
rapist	el violador
to restrain	refrenar
restraint	la compostura
to steal	robar
theft	el robo
thief	el ladrón
traitor	el traidor
treason	la traición
verdict	**el fallo**
to acquit	absolver
acquittal	la absolución
concurrently	al mismo tiempo
to condemn	condenar
consecutively	sucesivamente
conviction	la condena
fine	la multa
guilty	culpable
to imprison	encarcelar
innocent	inocente
parole	la libertad condicional
prison	la cárcel, la prisión

prisoner	el preso, el prisionero
prison officer	el oficial de prisiones
to prohibit	prohibir
to rehabilitate	rehabilitar
release	la liberación
remission	la remisión
sentence	el dictamen, la sentencia
to sentence	sentenciar, fallar
to serve	servir, cumplir
welfare	la asistencia social

LEARNING APRENDIZAJE

adult education	la educación de adultos
to bind (books)	encuademar
blackboard	la pizarra
boarder	el interno
bursary	la beca
campus	el campus
chalk	la tiza
class, stream	la clase
college	el instituto, el colegio
course	el curso
cover (of book)	la cubierta
day pupil	el externo
degree	el título universitario
desk	el pupitre

doctorate	el doctorado
to draw	dibujar
to educate	educar
educational	educacional
educationist	el educationalista *m*, la educationalista *f*
exercise book	el cuaderno
to fold	plegar, doblar
grant (to grant)	la beca (becar)
higher education	la educación superior
ink	la tinta
language lab	el laboratorio de lengua
lecture	la conferencia
lecturer	el conferenciante
lesson	la lección
line (eg ruled)	la regla
marker pen	el rotulador
mixed education	la educación mixta
notebook	el block de notas
nursery school	la guardería
page	la página
paper	el papel
pen	el bolígrafo, la pluma
pencil	el lápiz
playschool	el jardín de infancia
primary school	la escuela primaria
project	el proyecto
projector	el proyector

pupil	el alumno
ruler	la regla
scholarship	la beca escolar
scholarship holder	el becario
screen	la pantalla
secondary education	la educación secundaria
seminar	el seminario
set (study group)	el grupo de trabajo
sheet of paper	la hoja de papel
single-sex education	la educación unisexual
student	el estudiante
student loan	el préstamo para estudios
to study	estudiar
to teach	enseñar
teacher	el profesor
tertiary education	la educación terciaria
tutor	el preceptor, el tutor
university	la universidad
university life	la vida universitaria
whiteboard	tablón de anuncios
to write	escribir
current events	**los acontecimientos sociales**
accurate	preciso, corrector
to advertise	anunciar
advertisement	el anuncio
to announce	anunciar
announcement	el anuncio
article	el artículo

to be well-informed	estar bien informado
feature	el rasgo, la facción
magazine	la revista
news	las noticias
newspaper	el periódico, el diario
report	el reportaje
rolling news	la cadena de noticias (de informativos)
history	**la historia**
alliance	la alianza
ally (to ally)	el aliado (aliar)
archaeologist	el arqueólogo
archaeology	la arqueología
the Bronze Age	la edad de bronce
carbon dating	la datación por el carbono catorce
chivalry	la caballerosidad
civilisation	la civilización
to civilise	civilizar
to colonise (colony)	colonizar (la colonia)
to conquer	conquistar
conqueror	el conquistador
conquest	la conquista
contemporary	contemporáneo
the Dark Ages	las edades oscuras
to decay	decaer
decline (to decline)	la decadencia (declinar)
destiny (to destine)	el destino (destinar)

to diminish	disminuir
to discover	descubrir
discovery	el descubrimiento
to disturb	turbar
document	el documento
documentary	el documental
to emancipate	emancipar
emancipation	la emancipación
empire	el imperio
to enlarge	ampliar
event	el suceso
to excavate	excavar
to explore (explorer)	explorar (el explorador)
to free	liberar
to happen	suceder, acontecer
historian	el historiador
imperial	imperial
increase (to increase)	el aumento (aumentar)
independence	la independencia
the Iron Age	la edad de hierro
knight	el caballero
liberator	el libertador
the Middle Ages	la edad media
missionary	el misionero
oral tradition	la tradición oral
pirate (piracy)	el pirata (la piratería)
power	el poder, la potencia
powerful	poderoso

rebel	el rebelde
rebellion	la rebelión
Reformation	la reforma
renowned	célebre
rising	la sublevación
romance	el romance
slave	el esclavo
slavery	la esclavitud
source	la fuente
the Stone Age	la edad de piedra
territory	el territorio
trade	el comercio, el tráfico
treasure	el tesoro
language	**el idioma**
article	el artículo
chapter	el capítulo
colon	los dos puntos
comical	cómico
comma	la coma
conversation	la conversación
to converse	conversar
to correspond	corresponder
correspondence	la correspondencia
to describe	describir
description	la descripción
dictionary	el diccionario
elocution	la elocución
eloquence	la elocuencia

eloquent	elocuente
example	el ejemplo
exclamation mark	el signo de admiración
to express	exprimir
expressive	expresivo
extract (to extract)	el extracto (extraer)
fable	la fábula
full stop	el punto
grammar	la gramática
idiom	el modismo
idiomatic	idiomático
to imagine	imaginar
imagination	la imaginación
to interpret	interpretar
interpretation	la interpretación
interpretative	interpretativo
interpreter	el intérprete
letter (of alphabet)	la letra
letter	la carta
line (eg of poetry)	el verso
literal	literal
literary	literario
literature	la literatura
to mean	significar, querer decir
meaning	el significado
metaphor	la metáfora
to name	nombrar
noun	el sustantivo

object	el objeto
orator	el orador
paraphrase (to ~)	la parafrase (parafrasear)
poetry	la poesía
to pronounce	pronunciar
question mark	el signo de interrogación
quotation	la puntuación
to quote	puntuar
semi-colon	el punto y coma
sentence	la frase
simile	el símil
speech (given)	el habla
speech (faculty)	el discurso
to spell	deletrear
spelling	la ortografía
stanza	la estrofa
subject	el tema
syllable	la sílaba
talkative	hablador
to translate	traducir
translation	la traducción
translator	el traductor
to understand	comprender
verse	el verso
vocabulary	el vocabulario
voice	la voz
word	la palabra

see also **CULTURE**, LITERATURE, *p58*

the learning curve	**el aprendizaje**
absent-minded	distraído
to absorb	absorver
to admire	admirar
admiration	la admiración
to approve	aprobar
to annotate	anotar
annotation	la anotación
answer (to answer)	la contestación (contestar)
to ask (question)	preguntar
to ask for	pedir
attention	la atención
attentive (to be ~)	atento (atender)
to be able (to), can	poder
to behave	comportarse
blame (to blame)	la reprobación (reprobar)
to comprehend	comprender
comprehension	la comprensión
conduct	la conducta
to copy	copiar
to correct	corregir
correction	la correción
to cram (for exam)	empollar
crammer	el empollón *m*, la empollona *f*
to deserve	merecer
to develop	desarrollar
difficult	difícil
difficulty	la dificultad

to disapprove	desaprobar
to disobey	desobedecer
disobedience	la desobediencia
disobedient	desobediente
ease	la facilidad
easy	fácil
effort	el esfuerzo
to endeavour	esforzarse
essay	el ensayo, la composición
essayist	el ensayista
examination	el examen
to examine	examinar
examiner	el examinador
to exclaim	exclamar
exercise (to exercise)	el ejercicio (ejercer)
to explain	explicar
explanation	la explicación
to forget (forgetful)	ovidar (olvidadizo)
forgetfulness	el olvido
to graduate	graduarse
hard-working	trabajador
to have to, must	deber
holidays	las vacaciones
homework	los deberes
idea	la idea
inattention	la distracción
inattentive	desatento
to indicate	indicar

indication	la indicación
to interest	interesar
interesting	interesante
join (to join)	la juntura (juntar)
laziness	la pereza
to learn	aprender
lenience	la indulgencia
lenient	indulgente
(to be) let off	ser dejado atrás
mark	la nota
to mark	poner la nota
to misbehave	portarse mal
to note (to ~ down)	anotar (apuntar)
obedience	la obediencia
obedient	obediente
to obey	obedecer
to pass an exam	aprobar un examen
to point out	señalar
practice	la práctica
to practise	practicar
praise	el elogio, la alabanza
to praise	elogiar
prize	el premio
progress (to make ~)	el progreso (progresar)
proof	la prueba
to prove	probar
to punish	castigar
punishment	el castigo

reference	la referencia
to relate to	referirse a
remarkable	notable
to reward	premiar
severity	la severidad
to sit an exam	presentarse a un examen
strict	severo
studious	aplicado
to swot	empolla
task	la tarea
theme (thematic)	el tema (temático)
thesis	la tesis
thesis supervisor	el direcctor de tesis
to think	pensar
threat (to threaten)	la amenaza (amenazar)
together	junto con
to try	probar, procurar, intentar
to understand	entender
understanding	el entendimiento
vacancy	la vacante
work (to work)	el trabajo (trabajar)
mathematics	**las matemáticas**
acute (angle)	agudo
to add	adicionar, sumar
addition	la adición
algebra	el álgebra
angle	el ángulo
arc	el arco

arithmetic	la aritmética
binary	binario
brackets	los paréntesis
to calculate	calcular
calculation	el cálculo
calculator	la calculadora
calculus	el cálculo
centre	el centro
circle	el círculo
circumference	la circunferencia
to complicate	complicar
correct	correcto
cosine	el coseno
to count	contar
curved	curvo
decimal	decimal
decimal place	el decimal
to demonstrate	demostrar
diameter	el diámetro
to divide	dividir, partir
division	la división
divisor	el divisor
double	doble
dozen	la docena
equal (equality)	igual (la igualdad)
factor	el factor
figure	la cifra
fraction	la fracción

geometry	la geometría
half	la mitad
horizon (horizontal)	el horizonte (horizontal)
incorrect	incorrecto
integer	el número entero
logarithm	el logaritmo
mental arithmetic	la aritmética (el cálculo) mental
minus	menos
multiplication	la multiplicación
to multiply	multiplicar
number	el número
obtuse (angle)	obtuso
parallel	paralelo
part	la parte
perpendicular	perpendicular
plus	más
problem	el problema
to produce	producir
producer	el productor
product	el producto
quarter	el cuarto
quotient	el cociente
radius	el radical
remainder	la resta
result (to result)	el resultado (resultar)
right angle	el ángulo recto
simple	sencillo

sine	el seno
to solve	resolver
space (spacious)	el espacio (espacioso)
square	el cuadrado
straight	recto
to subtract	restar
subtraction	la sustracción
tangent	la tangente
third	el tercio
triangle	el triángulo
triple	triple
wrong	falso
zero	el cero
measurement	**las medidas**
acre	el acre
centimetre	el centímetro
to compare	comparar
comparison	la comparacion
to contain (contents)	contener (el contenido)
decilitre	el decilitro
foot	el pie
gramme	el gramo
half (eg litre)	medio (eg litro)
heavy	pesado
hectare	la hectárea
hectogramme	el hectogramo
inch	la pulgada
kilogramme	el kilogramo

kilometre	el kilómetro
light	ligero
litre	el litro
long	largo
measure (to ~)	la medida (medir)
metre	el metro
metric system	el sistema métrico
mile	la milla
millimetre	el milímetro
scales	la balanza
short	corto
ton	la tonelada
to weigh	pesar
weight (weights)	el peso (las pesas)
yard	la yarda
physical geography	**la geografía física**
atlas	el atlas
compass	la brújula
contours	las cotas
(topographical map)	(el mapa topográfico)
doldrums	la zona de calmas ecuatoriales
east	el este
Equator	el ecuador
latitude	la latitud
longitude	la longitud
magnetic north	el polo magnético

map	el mapa
meridian	el meridiano
North Pole	el Polo Norte
north	el norte
northern hemisphere	el hemisferio norte
projection (eg Mercator's)	la proyección
south	el sur
South Pole	el Polo Sur
southern hemisphere	el hemisferio sur
temperate zone	la zona templada
tropics	los trópicos
west	el oeste

see **NATURE** *p153ff* for topographical features

political geography	**la geografía política**
to approach	acercarse
border, frontier	la frontera
city (citizen)	la ciudad (el ciudadano)
compatriot	el paisano
country	el país
to determine	determinar
distance	la distancia
distant	lejano
emigrant	el emigrante
to emigrate	emigrar

ethnic	étnico
expatriate	el expatriado
to expatriate	expatriar
immigrant	el inmigrante
limit	el límite
nation	la nación
nationality	la nacionalidad
nationalism	el nacionalismo
nationalist	el nacionalista
near	cercano
neighbour	el vecino
parish	la parroquia
parochial	parroquial
patriot	el (la) patriota
patriotic	patriótico
people	la gente; el pueblo
to people	poblar
place	el lugar
population	la población
populous	poblado
province	la provincia
provincial	provincial, provinciano
race (of people)	la raza
region	la región, la comarca
town	el pueblo
tribal	tribal
tribe	la tribu
village	el pueblo, la aldea

villager	el aldeano
visa	el visado
work permit	el permiso de trabajo
SCIENCE	LA CIENCIA
conclusion	la conclusión
to demonstrate	demostrar
demonstration	la demostración
engineer	el ingeniero
to engineer	lograr
engineering	la ingeniería
experience	la experiencia
hypothesis	la hipótesis
to hypothesise	hipotetizar
hypothetical	hipotético
(to be) ignorant of	ignorar
inexperience	la inexperiencia
irrational	irracional
to know (a fact)	saber
to know (a person)	conocer
knowledge	el saber, el conocimiento
method	el método
rational	racional
sage (wise adj)	el sabio (sabio)
scientific	científico
scientist	el científico *m*, la científica *f*
theory (theoretical)	la teoría (teorético)
wisdom	la sabiduría

biology	**la biología**
animal testing	el animal de prueba
biological	biológico
biologist	el biólogo
classification	la clasificación
to classify	clasificar
curator (to curate)	el conservador (conservar)
to dissect	diseccionar
to identify	identificar
identification	la identificación
lens	la lente
Linnaean system	el sistema linneano
microscope	el microscopio
pest	la peste
preservative	el preservativo
to preserve	preservar
quarantine	la cuarentena
to research	inestigar
researcher	el investigador
specimen	el espécimen
systematist	el sistemático
taxonomist	el taxónomo
botany	**la botánica**
see	**PLANTS** *p184*
chemistry	**la química**
chemical	químico
compound	compuesto
to (de)compose	(des)componer

element	el elemento
experiment	el experimento
hydrogen	el hidrógeno
(in)organic	(in)orgánico
laboratory	el laboratorio
mixed	mixto
mixture	la mezcla
oxygen	el oxígeno
periodic table	la tabla periódica
rare earth	elementos raros
physics	**la física**
absolute zero	el cero absoluto
atom	el átomo
to attract	atraer
attractive	atractivo
cryogenics	la criogénica
electric	eléctrico
electricity	la electricidad
electron	el electrón
fission	la fisión
force	la fuerza
fusion	la fusión
heavy water	el agua fuerte
heavy metal	el metal pesado
(im)mobile	(in)móvil
invention (to invent)	el invento (inventar)
magnetism	el magnetismo
matter	la materia

mechanics	la mecánica
to move	moverse
movement	el movimiento
muon	el muón
nucleus	el núcleo
optical	óptico
optics	la óptica
phenomenon	el fenómeno
photon	el fotón
physical	físico
positron	el positrón
pressure	la presión
quantum	el quantum
quark	el quark
to reflect	reflejar
reflection	la reflexión
to refract	refractar
refraction	la refracción
to repel	repeler
strange	extraño

MONEY   EL DINERO

accounts	**la contabilidad**
to acknowledge receipt	acusar recibo
to advance (money)	adelantar (dinero)

audit	la revisión de cuentas
to audit	intervenir
to balance	equilibrar
balance sheet	el balance general
bookkeeping	la contabilidad
cash on delivery	el dinero en envío
cost	el coste, el costo
to cost	costar
credit	el crédito
date (to date)	la fecha (fechar)
debit	el débito
to deduct	deducir
discount	el descuento
due (to fall due)	vencido (vencer)
expenditure	los gastos
free of charge	gratuito
general income	los ingresos
gross	bruto
in advance	adelantado
to inform	avisar
invoice	la factura
loan	el préstamo
loss	la pérdida
net	neto
to pay	pagar
payable on sight	pagadero a la vista
payment	el pago
price	el precio

price list	la tarifa
profit	la ganancia, el beneficio
quantity	la cantidad
to receive	recibir
retail	(al) por menor
salary	el salario
signature	la firma
to sign	firmar
to spend	gastar
trial balance	el balance provisional
wages	el sueldo, la paga
warning	el aviso
wholesale	(al) por mayor
auction	**la subasta**
to acquire	adquirir
to auction	subastar
auctioneer	el subastador
to bid	pujar
bidder	el postor
to buy	comprar
buyer	el comprador
buyer's fee	la comisión del comprador
catalogue	el catálogo
client	el cliente
clientèle	la clientela
identification	la identificación
junk	la quincalla, los cachivaches
lot	el lote

paddle	la paleta
to possess	poseer
purchase	la compra
to purchase	comprar
reserve price	el precio mínimo
sale	la venta
seller (to sell)	el vendedor (vender)
seller's fee	la comisión del vendedor
telephone bid	la puja telefónica
see also **CULTURE**, ARTS, **antique** *p44*	
investment	**la inversión**
bearish	de tendencia a la baja
blue-chip	de mínimo riesgo
bonds	el bono, la obligación
bonus	los bonos
bullish	de tendencia a la alta
capital	el capital
endowment	el seguro
equities	los valores de renta variable
financial advisor	el asesor financiero
gilts	el papel del estado
insurance	el seguro
to invest	invertir
investment trust	la sociedad inversora
life insurance	el seguro de vida
share	la acción
shareholder	el accionista
stockbroker	el corredor, el agente de bolsa

stock exchange	la bolsa
term insurance	el seguro a plazo fijo
unit-linked	la unión, el consorcio
unit trust	el fondo de inversión inmobiliaria
windfall	la ganancia imprevista
with-*profits*	el ahorro añadido
personal finance	**las finanzas personales**
bank	el banco
bank account	la cuenta bancaria
bank book	la libreta de ahorros
bank card	la tarjeta de crédito
banker	el banquero
banking	la banca
banknote	el billete de banco
bankruptcy	la quiebra
to go bankrupt	quebrar
bargain	la ganga
to bargain, haggle	regatear
to be generous	ser generoso
to be mean	ser tacaño
to borrow	pedir prestado
to cash a cheque	cobrar un cheque
cashier	el cajero *m*, la cajera *f*
for cash	al contado
cheap	barato
coin	la moneda

creditor	el acreedor
current account	la cuenta corriente
debt	la deuda
debtor	el deudor
to be in debt	estar en deuda
to get into debt	endeudarse
deposit	el depósito
to deposit	depositar
deposit account	la cuenta corriente
draft	el giro
exchange	el cambio
to exchange	cambiar
exchange rate	la relación del cambio
expensive	caro
income	el sueldo
income tax	los impuestos
(to pay by) *instalments*	la renta a plazos
interest	el interés
to lease	arrendar
to lend	prestar
to obtain	lograr
on credit	a crédito
to owe	deber
to prepare	preparar, aprestar
rate	el tipo
receiver	el receptor
to save (money)	economizar, ahorrar

savings bank	la caja de ahorros
savings book	la libreta de ahorros
second-hand	de ocasión
to squander	despilfarrar
value	el valor
to value	valorar
worth adj	por valor
to be worth	valer
poverty	**la pobreza**
to beg	mendigar
beggar	el mendigo
credit union	el banco de crédito
destitute	el indigente
disadvantaged	desaventajado
to eke out	estirar, hacer alcanzar
to endure	aguantar, soportar
eviction	desnutrido
homeless	el ocupa *m*, la ocupa *f*
hostel	el albergue
malnourished	desfavorecido
misery	la miseria
miserable	miserable
to need	necesitar
necessity	la necesidad, el menester
penniless	sin un penique
penny	el penique
poor	pobre
squatter	el desalojo

to suffer	sufrir
victim	la víctima
wealth	**la riqueza, el caudal**
arbitrage	el arbitraje
arbitrageur	el arbitrajista
bullion	el lingote (de oro, de plata)
dollar	el dólar
economics	la economía
economist	el (la) economista
to enjoy	disfrutar
enterprise	la empresa
entrepreneur	el empresario
euro	el euro
financier	el financiero
foreign currencies	las divisas
fortune	la fortuna
(to be) fortunate	(ser) afortunado
franc	el franco
fund management	el fondo de inversión
to get rich	enriquecerse
hedge fund	la inversión protegida
inflation	la inflación
ingot	el lingote
leveraged	el apalancamiento
mark	el marco
mint	la casa de la moneda
to mint	acuñar

money market	el dinero de mercado
pound sterling	la libra esterlina
property	la propiedad
rental income	la renta inmobiliaria
rentier	el arrendador
rich	rico
schilling	el chelín
speculation	la especulación
speculator	el especulador
wealthy	adinerado

ASTRONOMY	LA ASTRONOMÍA
asteroid	el asteroide
astrology	la astrología
astronomer	el astrónomo *m*, la astrónoma *f*
aurora borealis	la aurora boreal
Big Bang theory	la teoría de la gran explosión
brilliance	el brillo
comet	el cometa
constellation	la constelación
to create	crear
creation	la creación
dawn	el amanecer

to dawn	amanecer
dusk	el crepúsculo
eclipse	el eclipse
the evening star	el lucero vespertino
galaxy	la galaxia
to glow	resplandecer
the Great Bear	la Osa Mayor
to grow dark	hacerse de noche
light year	el año luz
meteor	el meteorito
the Milky Way	la Vía Láctea
observatory	el observatorio
Orion	Orión
the Plough	el carro
radiant	radioso
to radiate	radiar
ray	el rayo
to rise	salir
to set (sun)	ponerse
to shine	brillar
shining	brillante
sky	el cielo
star	la estrella
starry	estrellado
sunrise	la salida del sol
sunset	la puesta del sol
supernatural	sobrenatural
telescope	el telescopio

to twinkle	centellear
UFO	OVNI (objeto volante no identificado)
world	el mundo
the planets	**los planetas**
Earth	la Tierra
gravity	la gravedad
Jupiter	Júpiter
Mars	Marte
Mercury	Mercurio
Moon	la luna
Neptune	Neptuno
orbit	la órbita
to orbit	poner en órbita
Pluto	Plutón
satellite	el satélite
Saturn	Saturno
Sun	el sol
sunspot	la mancha solar
Uranus	Urano
Venus	Venus
weightless	ligero
COAST	LA COSTA
bay	la bahía
beach	la playa
cape	el cabo
causeway	el terraplén

155

cliff	el acantilado
coastal	costero
current	la corriente
deep	hondo, profundo
depth	la profundidad
ebb tide	el reflujo
flood tide	el flujo
foam	la espuma
gulf	el golfo
high tide	la plenamar
island	la isla
isthmus	el istmo
low tide	la bajamar
promontory	el promontorio
rock pool	la piscina natural
sand	la arena
sea	el (la) mar
sea spray	las salpicaduras marinas
shore	la orilla
stony	pedregoso
straits	el estrecho
strand	la rivera
surf	las olas
tide	la marea
wave	la ola

COUNTRYSIDE	EL CAMPO
alluvial	aluvial

arid	árido
crag	el peñasco
desert	el desierto
deserted	desierto
dune	la duna
earthquake	el terremoto
eruption	la erupción
estuary	el estuario
fertile	fértil
flat	llano, plano
fumarole	el geiser
hill	la colina
hot spring	la fuente termal
knoll	el montículo
lake	el lago
land	la tierra
level	plano, llano
marsh	el pantano
marshy	pantanoso
mountain	el monte, la montaña, la sierra
mountainous	montañoso
mountain range	la cordillera
natural	natural
peak	el pico
plain	la llanura
pond	el estanque
quicksand	la cal viva

river	el río
rock	la roca
slope	la cuesta
spa	el balneario
spring	la fuente
steep	empinado
stream	el arroyo
summit	la cumbre, la cima
swamp	una cienaga
tor	la colina abrupta
tundra	la tundra
undulating	ondulado
valley	el valle
volcano	el volcán
waterfall	la cascada

THE ENVIRONMENT	EL MEDIO AMBIENTE
concerns	**las preocupaciones**
to consume	consumir
consumerism	el consumismo
consumerist	consumista
distribution	la distribución
transportation	el transporte
environmental	**medioambiental**
bicycle	la bicicleta
conservation	la conservación
to conserve	conservar
eco-friendly	ecológico

ecologist	el (la) ecologista
ecology	la ecología
ecosystem	el ecosistema
eco-warrior	el (la) militante ecologista
environmentalism	el ecologismo
environmentalist	el (la) ecologista
habitat	el hábitat
vegetarian	el vegetariano
vegetation	la vegetación
vegan	el vegetariano extricto
wildlife	la fauna
fossil fuels	**los combustibles fósiles**
anthracite	la antracita
coal	el carbón
gas	el gas
oil	el petróleo
rig	la plataforma petrolífera
sedimentary	sedimentario
shale	el esquisto
slag heap	la escombrera
spoil	los desechos
industrial waste	**los residuos industriales**
asbestos	el abesto, el amianto
biodegradable	biodegradable
build-up	la acumulación
chemical run-off	los residuos químicos
heavy metals	los metales pesados
industrialised	industrializado

landfill	el vertedero de basuras
to recycle	reciclar
recycling	el reciclaje
rubbish tip	el vertedero
rubbish	la basura
running water	el agua corriente
sewage	las aguas residuales
toxic waste	el vertido tóxico
waste	el despilfarro
to waste	despilfarrar
water table	el agua subterránea
light pollution	**la contaminación luminosa**
street lighting	el alumbrado
noise	**ruido**
decibel	el decibélio
noise pollution	la contaminación acústica
to soundproof	insonorizar
nuclear energy	**la energía nuclear**
cheap	barata
critical mass	la masa crítica
disaster	el desastre
half-life	la vida media
fallout	el polvo radiactivo
fission	la fisión
fusion	la fusión
leak	la fuga
plutonium	el plutónio
radiation	la radiación

radioactive	radioactivo
reactor	el reactor
secure transportation	el transporte seguro
uranium	el uranio
pollution	**la contaminación**
acid rain	la lluvia ácida
atmosphere	la atmósfera
carbon dioxide	el dióxido de carbono
to deforest	deforestar
deforestation	la deforestación
emission	la emisión
greenhouse effect	el efecto invernadero
harmful	nocivo
hole	el agujero
oil slick	la marea negra
oil spill	la fuga de petróleo
ozone layer	la capa de ozono
particulates	las partículas
to poison	envenenar
poisonous	venenoso
to pollute	contaminar
pollutant	el contaminante
rainforest	la selva
smog	la niebla tóxica
spill	el vertido
toxic	tóxico
unleaded petrol	la gasolina sin plomo

renewable	**renovable**
hydroelectricity	la electricidad hidráulica
resource	el recurso
solar panel	el placa solar
wave energy	la energía de las ondas
wind energy	la energía eólica
windmill	el molino
underdeveloped	subdesarrollado

MINERALS	LOS MINERALES
metal	**el metal**
acid	el ácido
acidic	ácido
acidity	la acidez
alkali	el álcali
alkaline	alcalino
alloy	la aleación
to make an alloy	hacer aleaciones
aluminium	el aluminio
to anneal	templar, mezclar
bar	la barra
base adj	básico
brass	el latón
bronze	el bronce
to cast	fundir
chrome	el cromo
copper	el cobre
element	el elemento

to exploit	explotar
to extract	extraer
forge	la fragua
to forge	fraguar, forjar
industry	la industria
ingot	el lingote
iron	el hierro
iron adj	ferreo
iron pyrites (fool's gold)	piritas de hierro
lead	el plomo
to smelt	fundir
mine	la mina
miner	el minero
mining (industry)	la minería
mould	el molde
to mould	moldear
nickel	el níquel
ore	el mineral
plutonium	el plutonio
radium	el radio
rust	la herrumbre
rusty	herrumbroso
to solder	soldar
steel	el acero
sulphur	el azufre
to temper	templar
tin	el estaño

weld	la soldadura
zinc	el zinc
STONE	LA PIEDRA
basalt	el basalto
to carve	cincelar, esculpir
chalk	la creta
clay	la arcilla
conglomerate	el conglomerado
granite	el granito
igneous	ígneo
lime	la cal
limestone	la piedra caliza
marble	el mármol
obsidian	la obsidiana
to polish	pulir
polished	pulido
pumice	la piedra pómez
quarry	la cantera
quicklime	la cal viva
sandstone	la piedra arenisca
to sculpt	esculpir
sculpture	la escultura
smooth	liso
rock	la roca
precious	**(las piedras) preciosas**
carat	los quilates
claw (setting)	los ganchos

diamond	el diamante
emerald	la esmeralda
enamel	el esmalte
engraved	grabado
facet	la faceta
flaw	la imperfección
flawless	el grado de pureza
gold	el oro
jewel	la joya
jewellery	las joyas, las alhajas
pearl	la perla
platinum	el platino
to refine	refinar
ruby	el rubí
sapphire	el zafiro
silver-gilt	chapado en plata
white gold	el oro blanco
semi-precious	**(las piedras) semipreciosas**
agate	el ágata
amber	el ambar
amythyst	la amatista
aquamarine	el aguamarina
beads	las cuentas
beryl	el berilio
bloodstone	los hematites
cabuchon	el cabuchón
cameo	el camafeo
chalcedony	la calcedonia

citrine	el citrino
faience	las cuentas de colores
garnet	el granate
hallmark	la marca de contraste
jade	el jade
jasper	el jaspe
jet	el azabache
lapis-lazuli	el lapislázuli
moonstone	la adularia
mother-of-pearl	la madreperla
nacre	el nácar
paste	el diamante de imitación
quartz	el cuarzo
onyx	el ónix
opal	el ópalo
opaque	opaco
silver	la plata
tiger's eye	el ojo de tigre
tourmaline	la turmalina
translucent	translúcido
transparent	transparente
turquoise	la turquesa

WEATHER	EL TIEMPO
air	el aire
barometer	el barómetro
breeze	la brisa
climate	el clima

cloud	la nube
cloudy	nublado
to cloud over	nublarse
to clear up	despejar
cool, fresh	fresco
damp	húmedo
dampness	la humedad
degree	el grado
draught	la corriente de aire
to drench	mojarse
drought	la sequía
drop	la gota
dry	seco
to dry	secar
fine, fair	ameno
to flash (lightning)	relampaguear
flood	la inundación
to flood	inundar
fog	la bruma
foggy	brumoso
forked lightning	el relámpago en zigzag
to freeze	helar
frost	la escarcha
frozen	helado
glacier	el glaciar
to hail	granizar
hailstone	el granizo

harmful	dañino
to harm	hacer daño
heatstroke	la insolación
heatwave	la ola de calor
hurricane	el huracán
ice	el hielo
iceberg	el iceberg
ice cap	el casquete de hielo
ice floe	el témpano de hielo
icicle	el carámbano
lightning	el relámpago
lightning conductor	el pararrayos
mist	la niebla
misty	nebuloso
rain	la lluvia
to rain	llover
rainbow	el arco iris
rainy	lluvioso
sheet lightning	el relámpago fucilazo
shower	el chaparrón, el aguacero
snow	la nieve
to snow	nevar
snowfall	la nevada
snowstorm	la ventisca
to soak	remojarse, calarse (hasta los huesos)
storm	la tormenta, la borrasca

stormy	borrascoso
sultry	bochornoso
sunburn	la quemadura solar
tan	el bronceado
tempest	la tempestad
thaw	el deshielo
to thaw	deshelarse
thermometer	el termómetro
thunder	el trueno
to thunder	tronar
thunderbolt	el rayo
wet	mojado
to wet	mojar
wind	el viento
windy	ventoso

PERSONALITY   LA PERSONALIDAD

character	**el carácter**
(to become) accustomed	acostumbrarse
addicted	adicto
affection	el afecto
affectionate	cariñoso
to affirm	afirmar
(to be) afraid	tener miedo
anger	la ira, la cólera

(to become) angry	enfadarse
anxiety	la inquietud
to astonish	asombrar
audacious	audaz
audacity	la audacia
to boast (about something)	jactarse de
boldness	el atrevimiento
calm	la calma
calm adj	calmoso
characteristic, trait	la característica
charitable	caritativo
cheerful	alegre
cheerfulness	la alegría
to comfort	confortar
to complain	quejarse
complaint	la queja
consolation	el consuelo
consoling	consolador
contempt	el desdén, el desprecio
contemptuous	desdeñoso
contented	contento
courtesy	la cortesía
coward	el cobarde
cowardice	la cobardía
cowardly	cobardemente
to dare	osar
daring	atrevido

defect	el defecto
demanding	exigente
to deny	negar
depressed	abatido
desire	el deseo
to desire	desear
despair	la desesperación
to despair	desesperar
discontent	el disgusto
discontented	descontento
to discourage	desanimar
dishonest	deshonesto
dishonour	la deshonra, el deshonor
to dishonour	deshonrar
disloyal	desleal
displeased	disgustado
disposition, temper	el genio
doubt	la duda
doubtful	dudoso
egoist	el egoísta
to encourage	animar
enemy	el enemigo
enjoyment	el goce
envy	la envidia
esteem	la estima
to esteem	estimar
expectation	la espera

extrovert	extrovertido
faithful	fiel
faithfulness	la fidelidad
fault	la falta
favour	el favor
favourable	favorable
fear	el miedo
fearless	intrépido
frank	franco
frankness	la franqueza
friend	el amigo
friendly	amistoso
friendship	la amistad
to frighten	asustar
(to be) frightened	asustarse
frightful	espantoso
generosity	la generosidad
generous	generoso
good	bueno
goodness	la bondad
grateful	agradecido
gratitude	el agradecimiento
greed	la avaricia
to grieve	afligir
habit	el hábito
happiness	la felicidad
happy	feliz, dichoso
to hate	odiar

hateful	odioso
hatred	el odio
hedonistic	hedonista
to hesitate	vacilar
honest	honesto
honesty	la honradez
honour	la honra, el honor
to honour	honrar
honourable	honrado, honorable
hope	la esperanza
humble	humilde
humility	la humildad
hypocrite	el hipócrita
hypocritical	hipócrita
impiety	la impiedad
impolite	descortés
incapable	incapaz
in a bad mood	de mal humor
in a good mood	de buen humor
ingratitude	la ingratitud
jealous	celoso
kind	amable, bondadoso
loyal	leal
lust	la lujuria
mercy	la misericordia
miser	el avaro
modesty	el pudor
mood	el humor

(to be) necessary	hacer falta
obstinacy	la obstinación
(to be) obstinate	obstinarse
offence	la ofensa
to offend	ofender, agraviar
optimist	el optimista
optimistic	optimista
pain	la pena
painful	penoso
pessimist	el pesimista
pessimistic	pesimista
piety	la piedad
pity	la lástima
pleasure	el placer
to please	agradar
polite	cortés
pride	el orgullo
proud	orgulloso
punctuality	la puntualidad
quality	la cualidad
to quarrel	reñir
reckless	temerario
to rejoice	alegrarse
remorse	el remordimiento
renown	la buena fama
to repent	arrepentirse
repentance	el arrepentimiento
restless	inquieto

revenge	la venganza
to revenge	vengar
rude	grosero
rudeness	la grosería
sad	triste
sadness	la tristeza
security	la seguridad
selfish	egoísta
selfishness	el egoísmo
sensual	sensual
sensuality	la sensualidad
sentiment	el sentimiento
shame	la vergüenza
shameful	vergonzoso
sigh	el suspiro
sincere	sincero
sincerity	la sinceridad
sober	sobrio
sobriety	la sobriedad
stingy	avaro
talent	el talento
temperamental	temperamental
to terrify	aterrar, aterrorizar
terror	el terror
thanks, thank you	gracias
to thank	agradecer
timid	tímido

timidity	la timidez
unfaithful	infiel
unfaithfulness	la infidelidad
unfavourable	desfavorable
unfortunate	desdichado
unfriendly	antipático
ungrateful	ingrato, desagradecido
unhappy	infeliz
unreasonable	desrazonable
unsure	inseguro
unworthy	indigno
vain	vanidoso
vice	el vicio
vicious	vicioso
villain	el pícaro
vindictive	vengativo
virtue	la virtud
virtuous	virtuoso
whim	el capricho
wickedness	la maldad
worthy	digno
mind	**la mente, el ánimo**
accuracy	la exactitud
to agree with	acordarse con
agreement	el acuerdo
(to be) ashamed	avergonzarse
astonishment	el asombro
capability	la capacidad

capable	capaz
cautious	cauteloso
certain	cierto
certainty	la certeza, la certidumbre
clever	listo
common sense	el sentido común
confidence	la confianza
conscience	la conciencia
consent	el consentimiento
to consent	consentir
to convince	convencer
custom	la costumbre
to decide	decidir
to despise	despreciar
to discuss	discutir
to displease	desagradar
excuse	la excusa
to excuse	excusar
to fail	fallar
to favour	favorecer
to fear	temer
to grant	conceder
to hope	esperar, aguardar
imaginative	imaginativo
inaccuracy	la inexactitud
to insult	insultar, injuriar
intelligence	la inteligencia
intelligent	inteligente

introvert	introvertido
to lack	faltar
liar	el mentiroso
lie	la mentira, el embuste
to lie	mentir
to meditate	meditar
mistake	la equivocación
to (make a) mistake	equivocarse
mistrustful	desconfiado
moderate	moderado
to occur, come to mind	ocurrirse
opinion	la opinión
to perceive	percibir
perceptive	perceptivo
to protest	protestar
quarrel	la riña
to realise	darse cuenta
reason	la razón
to reason	razonar
reasonable	razonable
recollection	el recuerdo
to reconcile	reconciliar
to regret	sentir
to remember	acordarse de
to risk	arriesgar
scruple	el escrúpulo

self-confidence	la seguridad, la confianza en sí mismo
sensible	sensato
sensitive	sensible
sensitivity	la sensibilidad
to sigh	suspirar
stupid	estúpido
stupidity	la estúpidez
sure	seguro
to suspect	sospechar
suspicion	la sospecha
suspicious	sospechoso
to think of	pensar en
thought	el pensamiento
true	verdadero
to trust	confiar (en)
trustful	confiado
truth	la verdad
uncertain	incierto
undecided	indeciso
to understand	entender
understanding	el entendimiento
will (determination)	la voluntad
spirit	**el espíritu**
abbess	la abadesa
abbey	la abadía
abbot	el abad

agnostic adj	agnóstico
agnosticism	el agnosticismo
altar	el altar
angel	el ángel
animism	el animismo
apostle	el apóstol
archbishop	el arzobispo
atheism	el ateísmo
atheist	el ateo
atheistic adj	ateo
to baptise	bautizar
belief	la creencia
to believe	creer
believer	el creyente
Bible	la biblia
bishop	el obispo
to bless	bendecir
blessed	beato
blessing	la bendición
Buddhism	el budismo
Buddhist (person)	(el) budista
Calvinism	el calvinismo
Calvinist (person)	(el) calvinista
cardinal	el cardenal
Catholic (person)	(el) católico

Catholicism	el catolicismo
to celebrate	celebrar
chalice	el cáliz
chapel	la capilla
charismatic	carismático
Christian (person)	(el) cristiano
Christianity	el cristianismo
church	la iglesia
clergy	el clero
clergyman	el clérigo
convent	el convento
to convert	convertir
cult	el culto
to curse	maldecir
devil	el diablo
devilish	diabólico
devout	devoto
divine	divino
evangelical	evangélico
faith	la fe
fervent	fervoroso
fundamental	fundamentalista
fundamentalism	el fundamentalismo
fundamentalist	fundamentalista
god	el dios
God	Dios
goddess	la diosa

heresy	la herejía
heretic	el hereje
Hindu (person)	(el) hindú
Hinduism	el hinduismo
holy	santo
Islam	el Islam
Jewish (person)	(el) judío
Judaism	el judaísmo
Koran	el Corán
mass	la misa
minister	el pastor
monastery	el monasterio
monk	el fraile
Mormon	(el) mormón
Mormonism	el mormonismo
Muslim (person)	(el) mahometano
nun	la monja
omnipotent	omnipotente
pagan	(el) pagano
parish	la parroquia
pilgrim	el peregrino
pilgrimage	la peregrinación
pious	pío
Pope	el papa
to pray	rezar
prayer	el rezo
to preach	predicar
preacher	el predicador

Presbyterian (person)	(el) presbiteriano
presbytery	el prebisteriano
priest	el cura, el sacerdote
proselyte	el prosélito
to proselytise	convertir
Protestant (person)	(el) protestante
Protestantism	el protestantismo
Rastafarian adj	rastafariano
(person)	el rastafari
religion	la religión
religious	religioso
to repent	arrepentirse
repentant	penitente
sacred	sagrado
safe	salvo
saint	el santo *m*, la santa *f*
saviour	el salvador
scientologist (person)	(el) cienciólogo
scientology	la cienciología
sect	la secta
sermon	el sermón
shaman	el hechicero, el chamán
sin	el pecado
to sin	pecar
sinner	el pecador

solemn	solemne
soul	el alma *f*
voodoo	el vudú
witch doctor	el hechicero
Zionism	el zionismo

for churches, see **CULTURE**, ARTS,
architecture *p45*

PLANTS   LAS PLANTAS

to arrange flowers	**hacer arreglos florales**
epiphyte	el epifito
garland	la guirnalda
moss	el musgo
creeper	**la enredadera**
clematis	la clematis
to climb	trepar
creeping	trepador
honeysuckle	la madreselva
hop	el lúpulo
ivy	la hiedra
mistletoe	el muérdago
tendril	el zarcillo
wisteria	la glicina
flower	**la flor**
anemone	la anemona

annual	anual
biennial	bianual
blooming	florido
bud	el brote, el capullo
to bud	brotar
carnation	el clavel
crocus	el azafrán
daffodil	el narciso
to flower	florecer
flowerbed	el arriate
hyacinth	el jacinto
hybrid	el hibrido
lily	el lirio
lily of the valley	el muguete, el lirio
marigold	la caléndula
mignonette	la reseda
orchid	la orquídea
pansy	el pensamiento
perennial	perenne
petal	el pétalo
primrose	la prímula
scent	la fragancia
snapdragon	la boca de dragón
snowdrop	la campanilla blanca
sunflower	el girasol
tree mallow	la lavatera
tulip	el tulipán
to wither	marchitarse

withered	marchito
garden	**el jardín**
to dig	cavar
to enclose	cercar
to fertilise	fecundar
foliage	el follaje
fountain	el surtidor
gardener	el jardinero
grass	la hierba
hedge	el seto
hose	la manguera
irrigation	el riego, la irrigación
landscape gardener	el jardinero paisajista
leaf	la hoja
leafy	frondoso
to plant	plantar
pollen	el polen
to pollinate	polinizar
pollination	la polinización
privet	el ligustro
radical	radical
root	la raíz
rotovator	el motocultor
sap	la savia
to spray	regar, rociar
sprayer	pistola rociadora
stalk	la caña

stem	el tallo
stock (species)	el alhelí
to take root	arraigar
to thin	entresacar
to transplant	trasplantar
to uproot	desarraigar
to water	regar
watering can	la regadera
herbs	**las hierbas (olorosas)**
angelica	la angélica
balm, balsam	el bálsamo
basil	la albahaca
camomile	la camomila
chicory	la achicoria
chives	el cebollino
coriander	el cilantro
dill	el eneldo
fennel (for seeds)	el anís
marjoram	la mejorana
mint	la menta
mustard	la mostaza
nutmeg	la nuez moscada
oregano	el orégano
parsley	el perejil
rosemary	el romero
saffron	el azafrán
sage	la salvia
tarragon	el estragón

thyme	el tomillo
house plants	**las plantas de interior**
bonsai	el bonsai
cactus	el cactus
fern	el helecho
spider plant	el malambre, la cinta
spore	la espora
Venus flytrap	el atrapamoscas
rock plant	**la planta rupestre**
alpine	la planta alpina
shrubs	**los arbustos**
azalea	la azalea
bay	el laurel
berry	la baya
bush	el arbusto, el monte bajo
fuchsia	la fucsia
holly	el acebo
laurel	el laurel
magnolia	la magnolia
myrtle	el mirto
rhododendron	el rododendro
heather	el brezo
soft fruits	**los frutos carnosos**
blackcurrant	la grosella negra
(any) *currant bush*	el grosellero
bilberry/blueberry	el arándano
(also ~ bush)	
gooseberry (+bush)	la uva espina

juicy	suculento
kiwi	el kiwi
lychee	el lychee
raspberry	la frambuesa
raspberry cane	el frambueso
redcurrant	la grosella roja
ripe	maduro
to ripen	madurar
runner (of strawberry)	el estolón (del fresal)
sloe (fruit)	el endrino
sloe (bush)	el espino negro, el endrino
strawberry	la fresa
strawberry plant	el fresal
white currant	la grosella blanca
stalks	**los tallos**
rhubarb	el ruibarbo
vine	**la vid**
currant	la pasa
to gather grapes	vendimiar
grape	la uva
grape harvest	la vendimia
press	la prensa
to press	prensar
raisin	la pasa
sultana	la pasa de Esmirna
vineyard	la viña, el viñedo
vintner	el viñero

weed	**la mala hierba**
bramble	el zarzal
briar	la zarza
buttercup	el botón de oro
clover	el trébol
daisy	la margarita
dandelion	el diente de león
deadly nightshade	la belladona
gorse	la aulaga
hemlock	la cicuta
nettle	la ortiga
thistle	el cardo
to weed	desherbar
wild garden	**el jardín natural**
bluebell	la campanula
broom	la hiniesta
cornflower	el alciano
forget-me-not	la nomeolvides
foxglove	la dedalera
mallow	la malva
mistletoe	el muerdago
poppy	la amapola
reed	la caña
rush	el junco
scrub	el monte bajo
undergrowth	la maleza
watercress	el berro

wild, uncultivated	silvestre

TREES	LOS ÁRBOLES
bark	la corteza
branch	la rama
forest trees	los árboles de bosque
jungle	la selva
knot	el nudo
palm tree	la palmera, la palma
tree ring	el anillo de árbol
trunk	el tronco
twig	la ramita
wood	el bosque
woody	leñoso; (el bosque) cerrado
conifers	**las coníferas**
cedar	el cedro
cone	el cono
conifer	la conífera
evergreen	de hoja perenne
fir	el abeto
giant redwood (sequoia)	la secuoya gigante
juniper	el enebro
monkey puzzle	la araucaria
pine	el pino
yew	el tejo

deciduous	**de hoja caduca**
acacia	la acacia
acorn	la bellota
alder	el aliso
ash	el fresno
aspen	el álamo temblón
beech	el haya
birch	el abedul
catkin	el amento
elm	el olmo
eucalyptus	el eucalipto
holm oak	la encina
laburnum	el laburno
lilac	el lilo, la lila
lime	el tilo
maple	el arce
poplar	el chopo
oak	el roble
to shed leaves	deshojarse
sycamore	el sicomoro
thorn	la espina
thorn tree	el espino
thorny	espinoso
weeping willow	el sauce llorón
fruit tree	**el árbol frutal**
aphid	el áphido
apple	la manzana
apple tree	el manzano

apricot	el albaricoque
apricot tree	el albaricoquero
cherry	la cereza
cherry tree	el cerezo
fruit	la fruta
graft	el injerto
to graft	injertar
lemon	el limón
lemon tree	el limonero
lime	la lima
lime tree	el limero
medlar	el níspero
medlar tree	el nisperero
olive	la aceituna
olive tree	el olivo
orange	la naranja
orange tree	el naranjo
peach	el melocotón
peach tree	el melocotonero
pear	la pera
pear tree	el peral
plum	la ciruela
plum tree	el ciruelo
prune	la ciruela seca
to prune	podar
to shake	sacudir
stone	el hueso
to stone	deshuesar

nut trees	**los árboles productores de nueces**
almond	la almendra
almond tree	el almendro
chestnut (sweet)	la castaña
chestnut tree	el castaño
hazelnut	la avellana
hazelnut tree	el avellano
horsechestnut	el castaño de indias
walnut	la nuez
walnut tree	el nogal
TROPICAL	(LAS PLANTAS) TROPICALES
bamboo	el bambú
banana	el plátano
banana tree	el platanero
cocoa tree	el cacao
coconut	el coco
coconut palm	el cocotero
date	el dátil
date palm	la palmera datilera
ebony	el ébano
mahogany	la caoba
pineapple	la piña
pomegranate	la granada
pomegranate tree	el granado
rosewood	el palosanto
rubber tree	el caucho

sugar cane	la caña de azúcar
VEGETABLES	LAS HORTALIZAS
asparagus	el espárrago
broad beans	las habas
broccoli	el brócoli
Brussels sprouts	las coles de Bruselas
cabbage	la berza, la col
cauliflower	la coliflor
chard	la acelga
celery	el apio
courgette	el calabacín
fennel (bulb)	el hinojo
fungus	el hongo
garlic	el ajo
green peas	lo guisantes
harmful	nocivo
husk	la vaina
to husk	desvainar
kitchen garden	el huerto
kohlrabi	el colinabo
leek	el puerro
lettuce	la lechuga
mushroom	la seta
onion	la cebolla
to peel	pelar
pod	la vaina
to pod, shell	desenvainar

potato	la patata
radish	el rábano
runner bean	la judía verde
to scrape	raspar
shallots	los cebollinos
spinach	la espinaca
sugar snap peas	las arvejas
swede	el nabo sueco, la chirivía
sweet potato	el boniato
tuber	el tubérculo
turnip	el nabo
yam	la batata
fruits served as vegetables	**los frutos comidos como hortalizas**
cucumber	el pepino
pepper	el pimiento
tomato	el tomate

SPORTS LOS DEPORTES

amateur	el aficionado
armband	brazalete
ball	la pelota
bet	la apuesta
to bet	apostar
captain	el capitán
champion	el campeón

coach	el entrenador
to coach (train)	entrenar(se)
coaching	el entrenamiento
competition	la competición
contest	el concurso, la competición
fan	el hincha
field (competitors)	los competidores
(playing) field	el campo (de juego)
finishing line	la línea de meta
foul adj	nulo
game	el juego
grandstand	la tribuna
lap	la vuelta
to lap	voltearse
match	el partido
odds	las ventajas
Olympics	los Juegos Olímpicos
physiotherapist	el fisioterapeuta
professional adj	profesional
race	la carrera
racecourse	la pista
to run	correr
sports medicine	la medicina deportiva
stadium	el estadio
trophy	el trofeo
American football	**el fútbol americano**

athletics	**el atletismo**
athlete	el atleta *m*, la atleta *f*
baton	el testigo
blocks	los tacos de salida
decathlete	el decatleta
decathlon	el decatlón
discus	el disco
hammer	el martillo
high jump	el salto de altura
hurdle	la valla
to hurdle	saltar
hurdler	el corredor de vallas
javelin	la jabalina
long-distance race	la carrera de fondo
long-distance runner	el corredor de fondo
long jump	el salto de longitud
marathon	el maratón
marathon runner	el corredor de maratón
medal	la medalla
pentathlete	el pentatleta
pentathlon	el pentatlón
personal best	el record personal
pole vault	el salto con pértiga
to put the shot	dar el disparo de salida
record	el récord
relay race	la carrera de relevos

shotput	el lanzamiento de peso
sprint	el esprint
to sprint	esprintar
sprinter	el esprínter
stamina	la resistencia
track	la pista
(programme of) *training*	el entrenamiento
triathlete	el triatleta
triathlon	el triatlón
triple jump	el triple salto
bowls	**el juego de los bolos**
bowling green	la pista donde se juega a los bolos
tenpin bowling	la petanca
boxing	**el boxeo**
bout	la lucha, el asalto
boxer	el boxeador
boxing gloves	los guantes de boxeo
count	la cuenta
featherweight	el peso pluma
flyweight	el peso mosca
gumshield	el protector de dientes
heavyweight	el peso pesado
knockout	K.O.
promoter	el promotor
ring	el ring, el cuadrilátero
round	el asalto

second	el segundo
welterweight	el wélter
bullfight	**la corrida (de toros)**
bull fighter	el torero
bullring	la plaza de toros
cape	el capote
cushion	el cojín
matador	el matador, el torero
moment of truth	el momento de la verdad
picador	el picador
shade	la sombra
suit of lights	el trajes de luces
sun	el sol
toreador	el toreador
climbing	**la escalada**
to abseil	descender en rappel
base camp	el campo de base
to belay (a rope)	amarrar (una cuerda)
to chimney	bajar en chimenea
crampon	el crampón
fell walking	el senderismo
ice-axe	el piolet
mountaineer	el montañista, el alpinista
mountaineering	el montañismo
orienteering	la orientación
rock climber	el escalador (de rocas)
rock climbing	la escalada en rocas
secure	seguro

cricket	**el cricket**
to appeal	recurrir
bail	el saque
to bat	batear
batsman	el bateador
to bowl	lanzar la pelota
bowler	lanzador
to be bowled out	eliminar al lanzador
to catch	coger
fielder	el fildeador
night watchman	el vigilante nocturno
to make runs	hacer carreras
to make strokes	hacer golpes
(to be) stumped	(darle al) poste
stumps	el poste
stylish	elegante
Test series	la serie de prueba
wicket	el área central del terreno de juego
cycling	**el ciclismo**
cyclist	el ciclista
mountain bicycle	la bicicleta de montaña
stage	la etapa
timer	el cronómetro
time trial	la cronometrada
yellow jersey	el maillot amarillo
fencing	**la esgrima**
agility	la agilidad

balance	el balance
fencer	el esgrimidor
foil	el florete
grace	la gracia
football (sport)	**el fútbol**
back	atrás
corner	el córner, el saque de esquina
to defend	defender
defender	el defensa
to dribble	regatear
football (ball)	el balón
football pools	las quinelas
footballer	el futbolista
forward	el delantero
goal (objective)	la meta, la portería
goal (scored)	el gol
goalkeeper	el portero, el guardameta
goal-kick	el saque de portería
goalpost	el poste
goal scorer	el goleador
handball	tocar el balón con la mano
to head	dar con la cabeza
linesman	el juez de línea
to mark	marcar
midfielder	el centrocampista
offside	fuera de juego
penalty	el penalti

referee	el árbitro
to score	marcar
to shoot	chutar, tirar
striker	el delantero
substitute	el sustituto
to substitute	sustituir
team	el equipo
winger	el ala
yellow card	la tarjeta amarilla
golf	**el golf**
to address the ball	dirigir la pelota
albatross	el albatros
birdie	el birdie
bogie	el bogie
bunker	el búnker
caddy	el caddie
card	el programa
club	el club
(organisation)	(la organización)
clubs (sticks)	los palos
clubhouse	el club deportivo
course	el campo de golf
double bogie	el bogie doble
driver (a club)	el conductor
eagle	el eagle
fairway	la calle, el fairway
flag	la bandera
green	el césped

green fees	las tasas
hole	el hoyo
iron (a club)	el hierro
leader board	el líder de la competición
(golf) links	las conexiones (de golf)
par	el par
putter (a club)	el putter
to swing	el golpe, el swing
wedge (a club)	el wedge (el hierro con cara de mucho ángulo)
wood (a club)	el palo de madera
gymnastics	**la gimnasia**
aerobic	el aerobic
circuit training	el circuito de entrenamiento
gym	el gimnasio
gymnast	el gimnasta
horse	el protro
parallel bars	las barras paralelas
somersault	el salto mortal
toning table	la mesa de entrenamiento
to work out	entrenarse
hockey	**el hockey**
to bully off	sacar
horseriding	**la equitación**
to draw (=pull)	tirar
dressage	la doma clásica
to drive (eg a carriage)	montar, conducir (e.g. un coche de caballos)

flat racing	la carrera sin obstáculos
horseman	el jinete
jockey	el jockey
point-to-point	la carrera de obstáculos
polo	el polo
saddle	la silla de montar
showjumping	el concurso de saltos, la exibición de saltos
spurs	las espuelas
three-day event	el evento de tres días
trotting racing	el trote

see also **ANIMAL(S)**, FARM ANIMAL, **horse(s)** *p17*
and **WORK**, AGRICULTURE, **stockbreeding** *p214*

ice hockey	**el hockey sobre hielo**

see WINTER SPORTS, *ice hockey* *p210*

lacrosse	**el lacrosse**
to cradle	acunar, mecer
motor racing	**el automovilismo deportivo**
chequered flag	la bandera de salida
Formula 1	Formula 1
kart racing	la carrera de karts
motocross	la carrera de motos
pit stop	el pit
rally driving	el rally
roll bars	las barras protectoras antivuelco
safety helmet	el casco protector
scrambling	el motocross

sponsorship	patrocinado por
	la moto de carreras
superbike	la motocicleta
rugby	**el rugby**
bench	el banquillo
fifteen	el equipo
fly-half	el apertura
full back	el zaguero
hooter	la sirena de inicio o
	finalización del encuentro
knockout	eliminado
knockout	el concurso eliminatorio
competition	
league	la liga
penalty kick	el penalti
prop	el pilar
put in	inscribirse
red card	la targeta roja
scrum	la melé
scrum-half	el medio de melé
seven-a-side	el partido de rugby jugado
	con siete jugadores
sin bin	la explusión temporal
to tackle	placar
throw-in	el saque de banda
to throw in	sacar de banda
touch down	marcar un ensayo
touch rugby	el rugby sin contacto

try	ensayo
to try	ensayar
uprights	el poste
skating	**el patinaje**
figure skating	el patinaje artístico
ice dancing	el patinaje sobre hielo (artístico)
ice skating	el patinaje sobre hielo
in-line skates	el patinaje sobre ruedas
rollerskates	los patines de ruedas
skate	el patín
to skate	patinar
skateboard	el monopatín
speed skating	el patinaje de velocidad
tennis	**el tenis**
backhand	el revés
clay court	la pista de tierra batida
forehand	el (golpe) derecho
grass court	la pista hierba
lawn tennis	el tenis sobre hierba
let	la let, la red
lob	el lanzamiento por lo alto
love (score)	el cero
net	la red
racket	la raqueta
real (royal) tennis	el tenis de ley
serve	el servicio
to serve	sacar

two-handed	a dos manos
set	el set
table tennis	el pin pon, el tenis de mesa
tennis player	el (la) tenista
volley	el voleo
wrestling	**la lucha**
to hold	retener
lock	el bloqueo
to lock	bloquear
to throw	tirar

WATER SPORTS	LOS DEPORTES DE AGUA
angling	**la pesca (con caña)**
bait	el cebo
to bait	cebar
to cast (a line)	lanzar
coarse fishing	la pesca de agua dulce
fish	el pescado
to fish	pescar
fishing rod	la caña
float	el flotador
fly	la mosca
fly fishing	la pesca a mosca
game fishing	la pesca deportiva
groundbait	la carnada
hook	el anzuelo
keep net	la cesta, la red
line	el sedal

lure	el señuelo
to lure	atraer (la pesca)
reel	el carrete
sea angling	pescar con caña
rowing	**el remo**
canoe	la piragua
canoeing	el piragüismo
canoeist	el piragüista
cox	el timonel
oar	el remo
paddle	el canalete
to row	remar
rower	el remador
stroke	el golpe
sailing	**la navegación**
boom (of sail)	la botavara
dinghy	el bote (neumático)
locker	el locker
mast	el mástil
sail	la vela
sheet (rope)	la soga, la maroma
to tack	virar
swimming	**la natación**
backstroke	la braza de espalda
breaststroke	la braza de pecho
butterfly	la braza de mariposa
crawl	el crol
deep-sea diving	el buceo marino

to dive	zambullirse
diving board	el trampolín
flume	el tubo
freestyle	el estilo libre
high diving	el salto de palanca
lifeguard	el salvavidas
springboard	la tabla de nadar
to swim	nadar
swimmer	el nadador *m*, la nadadora *f*
swimming pool	la piscina
synchronised swimming	la natación sincronizada
water polo	**el water polo**
water skiing	**el esquí acuático**
outboard motor	la moto acuática

WINTER SPORTS	LOS DEPORTES DE INVIERNO
bobsleigh	**el bobsleigh**
ice hockey	**el hockey sobre hielo**
puck	el puck
luge	**el luge**
skiing	**el esquí**
bindings	la fijación
cross-country skiing	el esquí nórdico
ski	el esquí
to ski	esquiar
ski boots	las botas de esquiar

ski lift	el telesquí
ski jump	el salto de esquí
ski stick	el bastón de esquiar
skier	el esquiador
slalom	el slalom
sledge	el trineo
snowboard	el snowboard (la tabla)
snowshoes	la raqueta (de nieve)
toboggan	el tobogán

WORK   EL TRABAJO

AGRICULTURE	LA AGRICULTURA
agricultural	agrícola
arable	**las herramientas de cultivos**
baler	la empacadora
barren	estéril
combine	la cosechadora
harvester	
country estate	la hacienda
countryside	el campo
courtyard	el patio
to cultivate	cultivar
cultivation	el cultivo
to dig	cavar
dry	árido
farm	la finca, la granja

211

farmer	el agricultor, el granjero
fertile	fértil
fertiliser	el abono
to fertilise (crop)	abonar
furrow	el surco
to germinate	germinar
grain	el grano
greenhouse	el invernadero
harrow	la rastra
harvest	la cosecha
to harvest	cosechar
hay	el heno
hayfork	la horca
haystack	el almiar
hoe	la azada
to irrigate	regar
labourer	el labrador
market garden	el mercado de verduras y plantas
meadow	el prado
to mow	segar
nursery (plants)	el invernadero
pile	el montón
to pile up	amontonar
plough	el arado
to plough	arar
rake	el rastrillo
to rake	rastrillar

reaper	el segador
reaping machine	la segadora
rustic	campestre
to scatter	esparcir
scythe	la guadaña
seed	la semilla, la simiente
sickle	la hoz
silage	el ensilaje
to sow	sembrar
sowing	la siembra
spade	la pala
stable	la cuadra, el establo
straw	la paja
tillage	la labranza
tractor	el tractor
well	el pozo
crops	**los cultivos**
alfalfa	la alfalfa
barley	la cebada
ear (of wheat)	la espiga
grape harvest	la vendimia
grape picker	el vendimiador
linseed (flax)	el lino
maize	la maíz
oats	la avena
rapeseed	la semilla de colza
rice	el arroz
sunflower	el girasol

wheat	el trigo
stockbreeding	**la ganadería**
blacksmith	el herrero
dairy	la lechería
fodder, feed	el pienso
herdsman	el vaquero, el pastor
horseshoe	la herradura
to milk	ordeñar
milking machine	la ordeñadora
shepherd	el pastor
to shoe (horses)	herrar
stable	el establo
stall	la casilla (del establo)
stockbreeder	el ganadero
subsidy	el subsidio

see also **ANIMAL(S)**, FARM ANIMAL, **horse(s)** *p17*
and **SPORT**, **horseriding** *p204*

BUSINESS	LOS NEGOCIOS
asset	el activo
board of directors	la junta directiva
chairman of the board	el director de la junta
contract	el contrato
director	el (la) director
dividend	el dividendo
liability	el pasivo
to list (shares)	cotizar

managing director	el director gerente
shareholder	el accionista
takeover	la adquisición
commerce	**el comercio**
account	la cuenta
to associate	asociar
businessman	el comerciante, el negociante
branch	la sucursal
to cancel	anular
carriage	el porte
company	la sociedad, la compañía
to deliver	entregar
delivery	la entrega
demand	la demanda
deposit	el depósito
to dispatch	despachar
export	la exportación
goods	la mercancía, los géneros
import	la importación
market	el mercado
offer	la oferta
to offer	ofrecer
order	el pedido
on credit	a crédito
packaging	el embalaje
to pack up	embalar

partner	el socio
portable	portátil
premises	el local
to settle	arreglar
subject	el asunto
transport	el transporte
to transport	transportar
to undertake	emprender
to unpack	desembalar
to (un)wrap	(des)envolver
industry	**la industria**
ability	la habilidad
blackleg	el rompehuelgas, el esquirol
busy	ocupado
to keep busy	occuparse
clumsy	torpe
enterprise	la empresa
expert	el perito
factory	la fábrica
foreman	el capataz
to go on strike	hacer huelga
industrialist	el industrial
lazy	perezoso
lock-out	el cierre patronal
machine	la máquina
machinery	la maquinaria
manufacture	la manufactura, la fabricación

to manufacture	fabricar
manufacturer	el fabricante
minimum wage	el salario mínimo
operator	el operario
picket	el piquete
skill	la pericia
skilful	diestro, hábil
strike	la huelga
striker	el huelguista
supervisor	el supervisor
trademark	la marca (de fábrica)
trade union	el sindicato
trade unionism	el sindicalismo
trade unionist	el sindicalista *m*, la sindicalista *f*
warehouse	el almacén
media	**los medios**
cameraman	el cámara
communications	las comunicaciones
designer	el diseñador
director	el director
editor	el editor
feature writer	el escritor
film	la película, el film
illustrator	el ilustrador
interviewer	el entrevistador
journalist	el periodista
lighting technician	el técnico de luces

newscaster	el presentador
newspaper	el periódico
photographer	el fotógrafo
presenter	el presentador
to print	imprimir
printer	el impresor
printing	la impresión
producer	el productor
to publish	publicar, editar
publisher	el editor
to report	relatar
reporter	el reportero
reporting	la cobertura
set dresser	el modisto
stage manager	el jefe de escenario
sound mixer	el técnico de sonido
wardrobe	el encargado del
manager	vestuario

see also **CULTURE**, ARTS, **cinema** *p47* and
LEARNING, **current events** *p126*

office	**la oficina**
accountant	el contable
audiotypist	el audiomecanógrafo *m*,
	la audiomecanógrafa *f*
chief	el jefe
clerk	el dependiente
copier	la copiadora
to depend on	depender de

to employ	emplear
employee	el empleado
employer	el empleador
employment	el empleo
manager	el gerente *m*, la gerente *f*
secretary	el secretario
shorthand	la taquigrafía
shorthand typist	el taquimecanógrafo *m*, la taquimecanógrafa *f*
typing	la mecanografía
typist	el mecanógrafo *m*, la mecanógrafa *f*
typewriter	la máquina de escribir
unemployed	desempleado, parado
unemployment	el desempleo, el paro

see also **HOME**, **office** / **study** *p100*

PROFESSION	LA PROFESIÓN
accountant	el contable
attorney	el abogado
barrister	el abogado (para tribunal superior)
confidential adj	confidencial
consultant	el asesor
dentist	el dentista
doctor	el doctor
ethical	ético
ethics	la ética

firm	la firma, la casa de comercio
freelance	independiente
in confidence	en confidencia
indemnity	la indemnización
junior adj	junior
liability	la responsabilidad, el riesgo
notary	el notario
partner	el socio
partnership	la sociedad, la asociación
practice	el ejercicio de la profesión
to practise	ejercitar
professional	el profesional
qualifications	las cualificaciones
senior adj	senior
solicitor	el abogado
surveyor	el agrimensor, el topógrafo

PUBLIC SERVICES	LOS SERVICIOS PÚBLICOS
alarm	la alarma
emergency	la emergencia
siren	la sirena
emergency services	**los servicios de emergencia**
ambulance	la ambulancia
fire engine	el coche de bomberos

fire hydrant	la boca de riego
fireman	el bombero
fire station	la estación de bomberos
paramedic	el enfermero
police (force)	la policía
policeman	el policía
police station	la comisaría
library	**la biblioteca**
bookrest	el atril
to borrow	prestar
catalogue	el catálogo
librarian	el bibliotecario
to learn	aprender
learned adj	aprendido
to make notes	tomar notas
to read	leer
scholarly	erudito
to study	estudiar
local authority	**la autoridad local**
road works	las obras (en la carretera)
rubbish collector	el recolector de basura
street cleaning	la limpieza de la calle
street lighting	las luces de la calle
street sweeper	el barrendero
telephone company	**la compañía telefónica**
telegraph pole	el poste telegráfico
telegraph wires	los cables de telégrafos

utility	**la utilidad**
pylon	el poste, el pilón
SHOPS	LAS TIENDAS
aisle	el pasillo
baker	el panadero
bakery	la panadería
barber	el peluquero
barber shop	la peluquería
boutique	la boutique
butcher	el carnicero
butcher's	la carnicería
cash desk,	la caja
checkout	
chemist	el farmacéutico
(pharmacist)	
chemist's	la farmacia
(pharmacy)	
counter	el mostrador
customer service	el servicio al cliente
delicatessen	la tienda de productos especiales
do-it-yourself store	la tienda de bricolage
department store	los grandes almacenes
dress shop	la tienda de ropa
estate agent's	la inmobiliaria
fishmonger	el pescadero
fishmonger's	la pescadería

greengrocer's	la verdulería
grocery	la tienda de comestibles
haberdasher	la mercería
hatter / milliner	el sombrerero
hat shop	la sombrerería
hypermarket	el hipermercado
ironmonger	el quincallero
jeweller	el joyero
to knead	amasar
milkman	el lechero
shoeshop	la zapatería
shop assistant	el dependiente
shopkeeper	el tendero
to show	mostrar
stationer	el papelero
stationer's	la papelería
(precious) stone cutter	el picapedrero
supermarket	el supermercado
tailor	el sastre
tailor's	la sastrería
tobacconist	el estanquero
tobacconist's	el estanco
wine merchant	la tienda de vinos

TRADE	EL OFICIO
apprentice	el aprendiz
apprenticeship	el aprendizaje

bricklayer	el albañil
cabinet maker	el ebanista
carpenter	el carpintero
craft	la artesanía
craftsman	el artesano
day labourer	el jornalero
electrician	el electricista
engineer	el ingeniero
fitter	el ajustador, el mecánico
to fix	fijar
fixed	el fijador
french polisher	el pulidor
glazier	el vidriero
to grind	moler
joiner	el carpintero ensamblador
mechanic	el mecánico
mill	el molino
miller	el molinero
plasterer	el yesero, el enlucidor
plumber	el plomero
rag and bone man	el trapero
spinner	el hilandero
upholsterer	el tapicero
workman	el obrero